JLA
図書館実践シリーズ·······························

れふぁれんす
百題噺

槇盛可那子・樋渡えみ子

Japan Library Association

日本図書館協会

100 stories of reference services

(JLA Monograph Series for Library Practitioners ; 42)

れふぁれんす百題噺 ／ 槇盛可那子・樋渡えみ子編著. － 東京 ：
日本図書館協会, 2020. － 255p ； 19cm. － （JLA 図書館実践
シリーズ ； 42）. － ISBN978-4-8204-2003-3

t1. レファレンス ヒャクダイバナシ a1. マキモリ, カナコ
a2. ヒワタリ, エミコ
s1. レファレンスワーク ①015.2

まえがき

　昨今，図書館をめぐる環境は大きく変化しています。業務委託や指定管理者制度の導入等により，職員が図書館に定着しにくい状況が生まれています。また，直営の図書館でも職員の数が年々減少しているところも多いかと思います。

　このような中で，危惧されるのは「ノウハウの継承」です。流動的かつ少数の体制でサービスを維持・向上させていくのは簡単なことではありません。

　レファレンスサービスはその最たるものではないでしょうか。レファレンスサービスには，知識とスキルの両方が求められます。これらは経験によっても身につけられますが，学習によって補う方法はないかと考えたとき，実際のレファレンス事例を通して学ぶのがよいと考えました。

　この本は，『図書館雑誌』に連載中の「れふぁれんす三題噺」に，おおむね 2006 年から 10 年間に掲載されたレファレンス事例のうち，100 題を取り上げ，レファレンスサービスで重要な 5 つの観点から整理しました。事例は可能な限り「れふぁれんす三題噺」に掲載されたままにしています。どの事例も担当者の考え方や生の声が伝わる書きぶりであり，レファレンスサービスを行う上でのヒントが散りばめられています。さらに，各事例にコメントをつけ，ポイントをまとめました。

　主に，図書館で初めてレファレンスサービスを担当することになった方や，一人職場で周囲からノウハウを得にくい環境の方を

読者と想定して執筆しました。

　ここで少し私自身の話をします。私は，新規採用時から7年間，東京都立中央・多摩図書館のレファレンス担当部署に配属されました。日頃からベテランの職員に教えてもらったり，外部機関の研修を受講したりしながら経験を積み，徐々にレファレンス能力を向上させることができたかと思います。

　しかし，図書館によって職員を取り巻く環境はまったく異なります。専門図書館の方からは，一人職場なので研修にも出られないという悩みを聞きました。また，数か月だけ都立高校の図書館で勤務した経験がありますが，学校も基本的には一人職場で，いつでも相談できる同僚はいませんでした。

　都立図書館はレファレンスサービスに習熟するという点では，恵まれた環境にあると思います。しかし，恵まれた環境にあっても，意識的に学びとらなければ，知識とスキルを身につけることは難しいのではとも感じています。この本を執筆するにあたり，経験により得られる暗黙知を身につけられるよう工夫することを心がけました。この本を通して，レファレンスサービスのコツを身につけていただければ幸いです。

　なお，今回ご紹介する事例は，図書館員でない方にとってもおもしろいと思います。「図書館のカウンターにいるあの人は，実はこんなことをしていたんだ」，「こんなことも図書館に聞いていいんだ」など，きっと新たな発見があるはずです。

　それではみなさん，レファレンスサービスの世界を一緒に楽しみましょう。

2020年2月

　　　　　　　　　　　　　　　　　　　　　　槇盛可那子

目 次

目 次

第Ⅱ部　事例＋コメント　目次

目　次

contents

目次

第 **I** 部

・・・・・・・・・・・・・・・・・・・・・・・・・・・・・・・

レファレンスサービス
解剖

新人のとき，早くレファレンス能力を向上させなくてはと，
ただ焦っていました。「どうやったらうまく調査ができる
ようになるの？」とずっと悩んでいました。今もその悩み
はなくなっていません。
というわけで，司書歴40年以上のベテランに，司書歴8年
目の中堅がレファレンスサービスについてインタビュー。
公共図書館での現場経験を通して，レファレンスサービス
を解剖します。内容が公共図書館寄りかもしれませんが，
ご容赦ください。

＜プロフィール＞
中堅　槇盛可那子（以下，M）
　広島県出身。2012年東京都採用。東京都立中央図書館
　5年，多摩図書館2年の計7年間，レファレンス担当部署
　に所属。うち，約2か月は都立国際高校でも勤務。
　2019年4月から都庁舎で勤務し，レファレンスサービ
　スから初めて離れる。

ベテラン　樋渡えみ子（以下，H）
　東京都出身。1976年東京都採用。東京都立中央・多摩・
　日比谷図書館および都立国際高校で司書として勤務。定年
　後，引き続き都立多摩図書館に勤務。司書経験の半分以上
　は資料管理や企画など，サービス部門以外の部署である。

1. レファレンスサービス≠質問に答えること

M：レファレンスサービスは図書館の重要なサービスですが，一般的にはまだまだ知られていないと思います。「レファレンスサービス」をどのようなものだと考えていますか。

H：レファレンスサービスについての本はたくさんあります。公共図書館におけるレファレンス質問に対する調査回答のプロセスやアプローチの仕方については，都立図書館司書の経験もある大串夏身氏や斎藤文男氏の著書[1]があります。ぜひお読みいただきたいと思います。その上で，一つ強調したいのは，「レファレンスサービス」とは，「質問回答サービス」だけでなく，その準備や事後の業務を含む，幅広い概念だということです。

M：質問回答サービスでは，「○○という本はありますか？」とか，「△△に関するデータや統計を探したい」といったものが代表的でしょうか。この「質問回答サービス」だけでなく，その「準備や事後の業務」というと具体的にはどのようなことでしょうか。

H：必要な資料を収集してレファレンスコレクションを構築することから始まり，さまざまな業務が含まれます。あるテーマの資料リストや調べ方案内（パスファインダー）を作成することもその一つです。利用者からよく聞かれるテーマや時事のトピックについて事前に資料リストをつくっておけば，図書館員に聞く前に自分で調べることができます。

M：私自身も一利用者として図書館員に聞くというのは，ちょっと勇気が必要です。なので，どうしてもわからないときしか聞きませんし，聞かなくてもわかりやすい案内があ

ればほっとします。

H：ほかにも，配架の工夫，ネットワーク情報源の整備……と，利用環境が整備されていれば利用者は直接図書館員に聞かなくても必要な資料・情報を得やすくなると考えられます。もちろん，さらに資料を求めて質問したいときはいつでも声をかけられるようなレファレンスカウンターと人の配置が重要なのは言うまでもありませんが。

M：国立国会図書館の小林昌樹さんは，レファレンスサービスの主体は，司書ではなく利用者と言っています[2]。利用者自身が必要な情報を参照できるよう，自分の図書館の利用者の傾向やニーズ等を踏まえて，聞かなくてもよい環境づくりと聞かれたときの的確な対応の両方が必要ですね。「事後の作業」というのは，どのようなことでしょうか。

H：調査回答事例をまとめたり，事例を公開したりといったことが含まれます。調査して終わりではなく，事例を記録・蓄積・公開し，一人の質問の成果が，ほかの多くの人が利用できる情報資源となることにこそ，質問回答サービスの意義と効果があると思います。国会図書館の小林さんはこの点も強調しておられますが[2]，同感です。

M：レファレンス事例の公開といえば，「レファレンス協同データベース」が有名です。類似事例が載っていれば，調査時間の短縮にもつながり，とても便利です。また，事例をきちんと記録・蓄積すれば，自分の館のレファレンス傾向分析や職員研修にも活用できます。ツール類の作成等にも役立てられます。

H：このように，質問回答サービスだけでなく，その準備や事後の業務等，「利用者が必要な資料や情報を迅速・的確に参

照するための幅広い業務」がレファレンスサービスである
と考えています。

2. レファレンスサービスで大切なこと

M：では，具体的にレファレンス能力を高めるにはどうすれ
ばよいと思いますか。レファレンスサービスを実際に行う
上で大切だと思うことはなんでしょうか。

H：スキルを高めるために重要なことはいくつかありますが，
その土台として，幅広い知識（浅くてもよいので，古今東西の
事象から最新の話題まで全方向にわたる知識）と好奇心，さら
に，知らないことを恥ずかしがらず利用者から学ぶ姿勢が
大切だと思います。

　質問回答サービスのスキルについて言えば，まず，「<u>レフ
ァレンスインタビュー</u>」が重要です。利用者は自分が知り
たいことを明確に意識しているとは限りません。利用者と
の対話を通して，知りたいことを明確にするためには，資
料知識のみならず，質問の背景を推察する力などさまざま
な能力が必要です。また，調査手段が乏しく，回答者の主
観や読書経験が問われるような，いわゆる読書相談も少な
くありません。あらゆる情報要求を受け止め，一緒に調べ，
考えることが大切なのではないでしょうか。

M：利用者が知りたいことをきちんと把握しておかないと，
調査のやり直しということになりかねませんよね……。

H：利用者が真に求めていることを明確にすると同時に，図
書館員は解決につながる資料や情報の「調査戦略」を練ら
ねばなりません。事実を確認して終わるような質問もある

でしょう。でも，利用者が気づかない切り口からの資料紹介など，多面的な文献紹介は図書館員の真骨頂です。レファレンスインタビューと調査の回答が，利用者が「また聞いてみよう」と思うか「もう聞くのはやめよう」と思うかの分かれ目です。

M：納得してもらえたか否かが問われているのですね。「また聞いてみよう」と思ってもらえているか，とても不安ですが。

H：調査を進める上では，紙の資料のほか，「**オンラインデータベースやインターネットで得られる情報**」が重要になっています。今やインターネットで多くの信頼できる一次情報が閲覧できます。国立国会図書館デジタルコレクションも，日々充実度を増しています。所蔵資料の少ない図書館でもインターネットを活用すれば，かなり複雑な質問でも調査の手がかりや回答を得ることが可能になってきました。図書館員としては，有用なサイトに対する知識を日々磨かなければ追いつけない状況ともなっています。

M：インターネットはレファレンスサービスに欠かせないツールになっています。それぞれのサイトやオンラインデータベースの特徴等を知っておけば有効活用できますね。

H：とはいえ，レファレンスサービスは図書館員一人が背負い込むものでもありません。「**困ったときは周囲に助けを求めて**」ください。一人職場という場合でも，他の館を頼ることができます。どんな図書館もあらゆる資料を所蔵することはできません。幸い図書館の世界では収集・サービス等の協力体制が整えられてきました。協定等を結ばなくても，レファレンスサービス上の協力は得られます。これ

を活用し，自館にない情報資源も積極的に提供することが必要です。

　最後になりましたが，今図書館で働いている人なら一番の基本は「自館の所蔵資料をよく知ること」です。館の規模にもよりますが，館内を歩き資料をよく見て，気になった資料は中身まで見ることをお勧めします。資料の特徴を知れば自信をもって紹介できます。さらに，蔵書構成の特徴やレファレンス質問の傾向をよく知ることにより，資料の購入や独自ツールの制作につなげることができます。

M：まさに基本中の基本ですね。なかなか大変そうですが，次の章では，これら5つの観点から実際のレファレンス事例を見ていきたいと思います。

注

1)　大串夏身『レファレンスと図書館　ある図書館司書の日記』皓星社，2019（大串夏身『ある図書館相談係の日記　都立中央図書館相談係の記録』（日外アソシエーツ，1994）の増補）
　　斎藤文男・藤村せつ子『実践型レファレンス・サービス入門』補訂2版，日本図書館協会，2019（JLA図書館実践シリーズ　1）
＊なお，上記の図書はレファレンスサービスと貸出との関係について，対照的な考え方を示している。この部分については，本書第Ⅲ部とあわせてお読みいただきたい。
2)　小林昌樹「参照してもらうのがレファレンスサービス：インダイレクトこそサービスの本態」『図書館は市民と本・情報をむすぶ』勁草書房，2015，p. 178-187

第 Ⅱ 部

....

れふぁれんす百題噺
事例＋コメント

各担当者がどのように考え調査に取り組んでいるか，その
プロセスに注目しながらご覧ください。また，自分ならど
のように調査するかイメージしながら見ていくのも勉強に
なると思います。

なお，10年ほど前の事例もありますので，今ならこうい
うツールもあると考えながら見るのもよいと思います。

凡例

＜ページ構成＞

```
┌─────────────────────────────────────────────┐
│  ┌────┐        ┌────┐┌───┐   事例本文・・・・・・・・・・・・・  │
│  │番号│        │館種││NDC│   ・・・・・・・・・・・・・・・・・・・・・・  │
│  └────┘        └────┘└───┘   ・・・・・・・・・・・・・・・・・・・・・・  │
│  タイトル                    ・・・・・・・・・・・・・・・・・・・・・・  │
│  館名      （掲載年月，回）   ・・・・・・・・・・・・・・・・・・・・・・  │
│  事例本文・・・・・・・・・・・・・    ・・・・・・・・・・・・・・・・・・・・・・  │
│  ・・・・・・・・・・・・・・・・・・・・・・                              │
│  ・・・・・・・・・・・・・・・・・・・・・・   コメント・・・・・・・・・・・・・・  │
│  ・・・・・・・・・・・・・・・・・・・・・・   ・・・・・・・・・・・・・・・・・・・・・・  │
│  ・・・・・・・・・・・・・・・・・・・・・・   ・・・・・・・・・・・・・・・・・・・・・・  │
│  ・・・・・・・・・・・・・・・・・・・・・・   ・・・・・・・・・・・・・・・・・・・・・・  │
│  ・・・・・・・・・・・・・・・・・・・・・・   ・・・・・・・・・・・・・・・・・・・・・・  │
└─────────────────────────────────────────────┘
```

1 事例の採録対象

・『図書館雑誌』2006 年 1 月号から 2017 年 1 月号までに掲載された「れふぁれんす三題噺」（第 126 回～第 240 回）を対象とした。

・各回 3 題の事例からレファレンスサービスを行う上で重要と考える 5 つの観点（p.4～6 参照）のいずれかに最も適合すると思われる 1 題を選択した。

・類似事例があるものを除き，転載許可が得られた 100 題を採録した。

2　事例の排列

・レファレンスサービスを行う上で重要と考える各観点を1つの章とし，同一章の中は『図書館雑誌』に掲載された年月順とした。
・重要と考える観点の複数に該当する事例も少なくない。章の区分は相対的なものと考えていただきたい。

3　記入項目

・各事例について，下記の項目を，原則として見開き2ページに収めた。
　・番号
　　事例100題の通し番号。
　・館種
　　国立・公共・大学・学校・専門の5つに区分した。
　・NDC
　　質問の主題および回答の典拠となる主な資料の分類記号（『日本十進分類法　新訂10版』第三次区分）を最大2つまで記載した。
　・タイトル
　　「れふぁれんす三題噺」に掲載された見出しによったが，句点・かぎかっこはすべて省略した。また，30文字を超える場合は一部を省略・変更した。
　・館名
　　「れふぁれんす三題噺」に掲載された館名によった。名称が変更されている場合は，現在の館名を（　）に入れて補記し

た。
・掲載年月・回次
　『図書館雑誌』への掲載年月，「れふぁれんす三題噺」の連載
　回次。
・事例本文
　可能な限り，「れふぁれんす三題噺」に掲載されたままとし
　たが，ページ構成または見出しの一部省略等により，本文の
　一部を省略または変更した場合がある。
　調査回答の内容，典拠資料の記述の仕方は，基本的に手を加
　えていない。
　ただし，注，参考文献等に記載された URL は，2019 年 12 月
　末時点のものに変更した。
・コメント
　優れていると思われる点，参考にしてほしい点等について
　コメントした。インターネット情報等で，「れふぁれんす三
　題噺」掲載当時と状況に変化がある場合は補記した。事例
　執筆館から提供された追加情報もここに記載した。

1章 インタビューで真意をつかむ

　レファレンスインタビューは，レファレンスの入り口であり，調査の方向性が決まる非常に大切なプロセスです。

　しかし実際は，利用者が知りたいことを明確に話してくれるわけではありません。そもそも知りたいことが定まっていない方もいます。利用者が本当に知りたいことをどうやって引き出していくか，そこに力量が問われます。

　図書館情報学のテキスト等にレファレンスインタビューのポイントは載っているものの，経験の積み重ねにより向上するタイプの能力でもあります。他の職員がインタビューをしているところを見て勉強することもなかなか難しく，独学で何とかやってきたという方も多いのではないでしょうか。

　実際の事例を通して，どのように質問しているか，質問しながらどのようなことを考えているか，質問する上でどのような知識が必要か……などに注目しながら見てください。

　ちなみに学校図書館での読書相談の事例が多数ありますので，読み物としてもおもしろい章だと思います！

だれの子ども?

三重県・多気町立勢和小学校図書館 　（2006 年 11 月，第 135 回）

　6 月上旬に来館した児童と司書の会話です。

児童「川に住んどるヤツ（・・）なんやけど，名前が知りたい。きっと何かの子どもやと思う」

司書「一体，どんな生き物なん？これまでに一度も見たことないものやったん？」

児童「あんなん見たん，生まれて初めて」

司書「形とか色とか，なんか特徴は，なかったんかなあ？」

児童「黒くって，じゃがいもみたいで…うーん，じゃがいもに手足がはえとるみたいなヤツやった」

司書「そしたら，おたまじゃくしみたいなのかな？」

児童「うーん，おたまじゃくしみたいやけど，首のところにギザギザのえりまきみたいなのがあって…」

司書「ウーパールーパーって知ってる？」

児童「知っとる！　知っとる！　水族館で見たことある」

司書「もしかしたら，ウーパールーパーを黒くしたみたいなのかなあ？」

児童「そうそうナイス!!　そんな感じ」

　ここまで話をしたところで，3 限目開始のチャイムが鳴りました。

司書「ああ，3 限目始まった。調べとくから，急いで急いで。お昼休みには，また来てね」

ということで，教室へ急がせました。

まず『水辺の生き物』(山と渓谷社　2002年)の両生類の項目をあたり，イモリの成長というページで，それらしき絵を発見。イモリの幼生と確信したので，写真版はないかと『水べの生き物野外観察ずかん2』(ポプラ社　2003年)や『どんな生きもの？　はちゅう類・両生類②』(偕成社　2002年)を見ると，きれいな写真があり，説明も詳しく書かれていました。小学生相手のレファレンスは特に，子どもたちの知りたいものが何なのか，何を求めているのか，その核心にたどりつくまでの会話抜きには，なりたたないことを実感した例です。昼休み，友達とやってきたその児童に「これかな？」と本を開いて見せたときの「これ！　これ！　これやった！」の喜びの声と顔は，忘れられません。

　友達とその本を囲んで，オタマジャクシのえらとイモリの幼生のえらの違いについても知ってもらうことができました。"知りたい"と思ったときにすぐ知りたい子どもに"待った"は，なしなので本校の蔵書で対応できてよかったと思いました。

　小学生からのレファレンス。インタビューでいかに調査に必要な情報を引き出せるかがポイントです。事例では形や色を的確に聞き出しています。特にウーパールーパーという例えを出したことで，具体的なイメージを共有できています。

　そして，もう一つ大事なのが資料を揃えていることです。事例のとおり子どもの知りたい気持ちは「待ったなし」。資料費は限られていますが，基本的な資料は押さえつつ，自館でニーズのある分野を中心に揃えたいですね。

造園業者を紹介してほしい

飯田市立中央図書館　（2007 年 2 月，第 136 回）

　ビジネス支援サービス開始して 1 か月程経過した 10 月 11 日，2 階 "調べもの相談窓口" でのこと。

　「飯田に引っ越して来て，自分の家の庭を造りたいけれど，どの業者に依頼したら良いかわからない。造園業者を教えてほしい」
という方がみえる。すでに市役所に問い合わせ済みで，「特定業者を紹介するわけにはいかない」と言われる。「テレビで市長が，図書館では困ったこと，知りたいこと何でも調べて教えてくれると言ったので来ました」とのこと。

　造園業者のコーディネートを図書館は仕事としているわけではないので，この質問には受けた職員も戸惑っていましたが，職員が機転を利かせ，飯田商工名鑑やタウンページを使って飯田庭園協会や飯田造園業協会・建設業協会をご紹介し，ご自分でどのような庭を造りたいかで業者も違ってくることもあるからと，『私たちの庭―飯田庭園協会創立三十周年記念誌』飯田庭園協会編（飯田庭園協会）や『信州の庭園』小口基実著（小口庭園グリーンエクステリア）など庭園の本を参考に見ていただく。

　「図書館は業者の斡旋はしません」と突き放すのはたやすい事ですが，足を運んでくださった利用者に満足ではないにしろ，何らかの手がかりを持ち帰ってもらう。利用者の求めるものに限りなく近づこうとする現場職員の気持ちが大事で

あると思うのです。

　図書館に蓄積された資料だけでは対応できかねるレファレンスが増え，インターネットを駆使して情報へアプローチし，企業や専門機関を紹介することが日々増えています。地方の中小公共図書館の課題解決型図書館サービスは，利用者との会話の中で求める資料を明確化し，データベースや活字資料を駆使して資料に近づき提供することであり，そうすることに熱意と技術を持って当たる職員集団の存在が欠かせないと思っているこのごろです。

　みなさんの館でも「レファレンスとして対応できないもの」があると思います。

　この事例は「造園業者を紹介してほしい」というものです。利用者と話して，あっせんを希望しているようであれば，「あっせんはできませんが，どのような業者があるかわかる資料はございます」などと提案してみれば，レファレンスとして案内できると思います。

　事例では，地元の商工名鑑，タウンページ，地元の庭園協会が発行した記念史，庭園関係の本を紹介しています。地元協会の発行資料は詳細で実用性の高い情報が載ってそうでよいですね。ほかにもガーデニングの雑誌には，庭の写真とともに手がけた会社の情報等が載っていることがあるので，チェックしてみてもよいかもしれません。

　いろいろな制約がある中でサービスをされていると思いますが，事例のとおり「利用者に何らかの手がかりを持ち帰ってもらう」という心がけがあれば，工夫して対応することができるようになると思います。

看護師からのあいまいな質問

JFE 健康保険組合川鉄千葉病院図書室　（2007 年 4 月，第 138 回）

　看護師からの依頼には，あいまいなものがかなりあります。患者さんの不安について調べたい，新人教育について調べたい，コミュニケーションのしかたについて…などなど，そういった広い内容，あいまいなものには，少しずつ具体的に聞き出して行くインタビューが大切です。

　「環境について調べたい」と言われたことがあります。「環境」といっても漠然としていて，いったい何を知りたいのかわかりません。まさか「地球温暖化」について調べたいわけでもないでしょう。よくよく聞いてみると病院内の環境ということです。もっと聞いてみると，それは「採光」だったり，「臭気」だったり，「騒音」だったり，「院内の清掃」だったりするわけです。

　「在宅で医療処置を家族が行っている人に対する指導について調べたい」という質問がありました。この場合も，その指導方法，現状，訪問看護での援助のしかた，病院のかかわりなどが知りたいということがわかりました。けれどこれでもまだ，インタビューが足りません。結局，家族がどんな医療処置をしているのかが問題なので，点滴やインスリン注射，透析，ストーマ，酸素療法，レスピレーター，吸引，などなど具体的な処置をできる限り聞き出し，それに，「在宅」「家族」というキーワードを掛け合わせて，医中誌 Web で検索しました。すると「点滴」で掛け合わせて 10 年間で 16 件，「イ

ンスリン注射」で 5 件,「透析」で 156 件,「ストーマ」で 35 件, などなど。その文献リストを利用者に見てもらい, あとは自分自身で判断してもらいました。

　このように, 日ごろの看護に役立つ情報を求めていることが多く, また, 看護研究のテーマも実用性のあるものが多いので, できるだけ根拠のある文献を探し出すよう心がけています。単行書, 雑誌の特集号の記事（データベースを作成しています）, 文献検索, インターネットなどあらゆるリソースを視野に入れて, その看護師の思いに合った答えを見つけてあげたいと思っています。

　医療現場の図書室の事例 2 つです。あいまいな質問のときは, インタビューをしっかり行わないと, 非効率な調査になるだけでなく, 最悪の場合, 調査をやり直すことになってしまいます。

　ちなみに, 事例の 2 つ目の質問「在宅で医療処置を家族が行っている人に対する指導について調べたい」は, そんなにあいまいじゃないと思った方もいるのではないでしょうか。専門図書館では, 職員もその分野の専門的な知識をある程度持ち合わせておく必要があると思います。そうすれば, この事例のように, より具体的なキーワードを引き出すことができます。この事例の「よくよく聞いてみると」の部分, 具体的にどうやって質問していったのかが気になるところです。

　また, この館では雑誌の特集号の記事のデータベースを作成されています。オンラインデータベースの収録対象誌を確認し, 収録されていない雑誌でよく利用されるものについては, こういうツールを整備すると大変便利です。

授業支援のためのレファレンス

東京学芸大学附属世田谷中学校図書館　（2007年5月，第139回）

　学校図書館は授業の展開に寄与することが求められている
わけですから，先生方に使ってもらってこその図書館だとい
えます。本校は東京学芸大学の附属校ですので，たくさんの
実習生が2学期にやってきます。3年生の公民では「裁判員
制度」や「死刑制度廃止の是非」「基地問題」などについてディ
ベートをこの実習期間中に行っています。事前に担当の先
生から「○○についての本を用意してもらえますか」と依頼
があります。実習生の中には中高生のときに学校図書館をま
ったく利用しなかったという人も少なくありません。このよ
うな実習の時期に学校図書館をどのように利用すると授業に
役立つか知ってもらうのも大切なことだと思っています。

　本校では他の教科でも図書館の資料を使うことはあります
が，やはりもっとも頻繁に使うのは国語科です。ここ数年，
小・中・高の国語科の先生方と読書力・読解力向上のための
プロジェクトに，小・中の司書や情報担当者も参加させても
らっています。このことは学校図書館が読書力や読解力向上
のためにどのような支援ができるかを，司書として考える良
い機会となりました。以前は必要な本を揃えリストアップし，
別置コーナーをつくる…という程度の支援だったのですが，
ここ数年は国語科の先生方と事前の打ち合わせを密にするこ
とで，それぞれの授業の狙いなどが明確になり，図書館の対
応もそれに応じてさまざまな形でするようになってきていま

す。昨年は2年生の国語で,「日本語」についての本を用意して欲しいというレファレンスがありました。もともとことばに関する資料は使用頻度も高いので,日ごろから面白そうなものを購入しているのですが,それでも全学年160名が使うには最低でも300冊以上の本が必要です。公共図書館からも団体貸出を受け,作ったコーナーには実にさまざまな日本語に関する資料が並びました。『ゆかいな誤変換。』『ダーリンは外国人』といった当時話題の本から,『外国人力士はなぜ日本語がうまいのか』『全国アホ・バカ分布考』『人はなぜ悪口を言うのか?』等々。クラスでの授業の後,図書館にやってきた生徒はいろいろな資料に目を通しながら,自分の興味関心の有様を探り,もっとも心惹かれた本をじっくり読んでみるという試みをしました。その後自分の読んだ本をベースにしながらクラスでの話し合いを深めていけて良かったと担当の先生からの感想をもらいました。

　いまや,調べ物にはインターネットの存在は欠かせませんが,あえて図書を使う場面も少なくありません。特にテーマの広がりを一望できる点や,1冊の本にじっくり向かいあう良さは図書ならではと考えています。図書館の資料を使ってどんな面白い授業ができるか,先生方との雑談もまたレファレンスのひとつかもしれないと思う今日この頃です。

　国語科のプロジェクトに参加し,先生との共通認識をもつことに成功しています。授業の狙いが明確になったことで,より踏み込んだ授業の支援ができるようになっています。ちなみに,この中学校の実践事例は,「学校図書館活用データベース」というコンテンツに掲載されていますので一度ご覧ください。

洗濯機の構造を図解で知りたい

機械工業図書館（現・BIC ライブラリ）

（2007 年 10 月，第 143 回）

　インターネットで調べれば簡単に見つかりそうな気がするが，案外見つからないものである。当館は技術系の資料は基本的には収集対象外であるが，機械についての基礎知識が得られる程度のものは所蔵している。当館の所蔵資料だと，『モノづくり解体新書』（日刊工業新聞社）という資料がこの要望に適合するものだと考えたが，洗濯機は取り上げられていなかった。また子供向けではあるが，機械のしくみがわかりやすく描かれている『分解ずかん』シリーズ（岩崎書店），これにも洗濯機は掲載されていない。(社)家庭電気文化会が発行している雑誌『家電月報アルレ（ALLE)』，では洗濯乾燥機の特集をしていたが，性能，仕様についての記述しかない。質問者に聞いてみると，古いものでもかまわないということで，『商品大辞典』（東洋経済新報社）を参照すると，電気洗濯機の項目があり，1986 年当時のものではあるが，一般的な製品の構造が掲載されている。

　ところでこの質問は経済研究所の研究員から受けたものであったが，この研究員と資料のやりとりをしながら話していくうちに，実はもっとも知りたいのは家電製品における圧縮機の利用についてということがわかった。最近の乾燥機付き洗濯機でエアコン機能を持たせたものが発売されたことから，調べてみようと思ったらしい。その視点であれば，圧縮機を搭載しているその他の家電製品である冷蔵庫やエアコンにつ

いて調べる必要もあり、またこれらの製品構造を掲載されている資料は洗濯機よりも多い。『モノづくり解体新書』にも『分解ずかん6；テレビ・れいぞうこのしくみ』にも掲載されている。『図解雑学　機械のしくみ』（ナツメ社）にもくわしい解説がある。さらに、圧縮機についても詳しく調べていく必要がある。

　これは利用者と話をしているうちにレファレンスの方向性が変わっていったことの簡単な例といえるだろう。

　みなさんもある程度調べた段階で「実は……」と言われたことが少なからずあるのではないでしょうか。十分に聞き出したつもりでも、資料をお見せしたら「違う！」と言われてしまったという経験もあると思います。私は対面でのレファレンスなら、早い段階で、基本的な資料をいったん紹介してみて、感触を探るということもやっていました。「イメージはこのような感じですか？」などと聞いてみれば、けっこう答えてくれるように思います。

　この事例では、実際に知りたいのは「圧縮機が搭載されている家電製品」でした。最初の質問である「洗濯機の構造」が載っている資料は所蔵していませんでしたが、実際に知りたい内容の資料は所蔵しており、利用者に提供することができました。また、圧縮機について調べるという新たな調査も必要だということがわかりました。

　このようにインタビュー次第で調査の方向性・内容が大きく変わってきます。話しやすい雰囲気づくりを心がけながら、短い時間で利用者と信頼関係を築くことが大切です。

路傍の花の正体―生徒と調べ学習を楽しむ

東京都立日比谷高等学校図書館　　（2008 年 8 月，第 151 回）

　調べもの好きの 3 年生の男子生徒がいて，毎日始業前から
来館して図鑑や事典をめくっている。3 年間独力でレファレ
ンスを続けた結果，特定分野については私よりも館内の参考
図書に精通しているが，自分で調査できないときはカウンタ
ーに尋ねてくれる。「繊維の長さによる木綿の品種分類の調
査」をきっかけによく相談してくれるようになった。

　ある日「道ばたに生えているオレンジ色の花弁のケシのよ
うな花の名前がわからない」という相談。すでに日ごろ愛用
の図鑑事典類は見たとのこと。園芸植物でもなく，日本固有
種でもない，外来種の雑草だろうと推測する。この花につい
ては自分も記憶があった。街路樹の植え込みの下などによく
咲いている。きゃしゃな茎と薄い花弁の，なかなか可愛い花
だ。花の様子からケシの仲間に違いないだろうと，画像が豊
富なネットで下調べを開始した。「帰化植物＆ケシ」で検索し，
ケシの画像を見てゆく。色と形から「ナガミヒナゲシ」と特
定。「ナガミヒナゲシ」は『日本帰化植物図鑑』（長田武正著
北隆館　1972 年刊）にも載っていたのだが，モノクロ図版だっ
たので，うまく探せなかったようだ。ウィキィペディアの項
目名「ケシ科」から「ナガミヒナゲシ」の項目へジャンプす
ると，「…アルカリ性土壌を好むらしく，コンクリートによっ
てアルカリ化した路傍や植え込みなどに大繁殖しているのが
よく見られる」とある。

「ナガミヒナゲシにとっては，コンクリートに囲まれた路傍は，かえって住み心地がいい場所なのか」と，生徒と二人でうなずいた。この植物は地中海沿岸から中欧にかけての一帯が原産である。ナガミヒナゲシはコンクリートのひび割れの合間や，コンクリート護岸に近い川原などにも咲いている。この植物はそうした環境をあえて選択しているのではないか。酸性土壌が多い日本の地で，カルスト地形のように石灰岩が大地に露出しているような原産地の環境に似通った場所として。

　レファレンスの難易度はともかく，この調査は勉強になった。「名もなき草」などこの世にはないということ，路傍に生える植物は「路傍を選んで」生きている理由があることを実感した。そして，生徒と一緒に勉強するのも楽しいものだと思った。

　花の名前を知りたいというレファレンスです。私自身も，植物そのものや写真等を持参され，「この花」，「この葉っぱ」，「この実」が何か知りたいと聞かれたことが数度あります。その植物がどこに生えているのか，いつごろの時期の植物かなど，可能な限り聞き出し，参考図書類を見ています。事例のようにインターネットの画像検索で下調べをするということもあります。

　この事例では，調べる花について質問者と共通の認識が得られている点と，すでに利用者自身が参照している資料を確認できている点がよいと思います。結果として，生徒が確認済みの資料に掲載されていたようですが，何を見たか把握しておくと調査を効率的に進めることができます。

元気が出る魚の本

富山市立古沢小学校図書館　（2009 年 2 月，第 155 回）

　赴任初のレファレンスは院内学級の先生からだった。院内学級に所属する 2 年生男子児童はベッドから起き上がることができない。通常の学習をするのは困難な状態だが，海の生きものが大好きで魚の本を見せると目をキラキラさせて元気になるので，せめて寝たままで読み聞かせできる絵本や紙芝居を読んであげたいという。

　最初，絵の大きい，話の簡潔な絵本と紙芝居で，内容的にはあまり幼稚にならず，気持ちが明るくなるものを探した。しかし，絵を見てじっくりと話を聞く体力がないようだったら，眺めて楽しめる写真集はどうだろうかと，『タテゴトアザラシのあかちゃん』（講談社　中村庸夫写真）を手始めに渡したところいい感触だった様子。それでは，魚の正面の表情を捉えた写真集もおもしろいかもと，『魚の顔図鑑』（ファイドン　デヴィッド・デュビレ写真）や『魚の顔』（東方出版　新野大写真）を追加で渡す。その後児童が喜んでいると聞き，『クマノミとサンゴの海の魚たち』（岩崎書店　大方洋二写真・文）や魚が主人公の紙芝居も追加で数冊渡した。数週間後，本たちは 2 つの瞳に会うことが叶わないまま訃報とともに返ってきた。小さな命が幕を降ろすまでのしばらくの時間，私が提供した本でどんな世界を思い描いてくれたのだろうか。動きのままならないベッドに横たわり，空想の世界で魚と自分を置き換えて広い海の中を自由に泳ぎまわったのだろうか。

学校現場とは「生きる・育つ・未来がある」ところであるからこそ，本が持つ目に見えない心の糧，知識の糧すべてが明日につながることだと思ってきた私に，初めて子どもの死出に付き添う本があることを教えてくれた，衝撃的な体験だった。

　院内学級の先生からのレファレンス。私もこの事例は衝撃的でした。
　質問の背景，読み聞かせをしてあげる児童のことについてしっかりつかむことができています。また，児童の反応も把握できているため，先生から求められたことだけでなく，いろいろな資料を提案し，期待以上の資料を提供することができています。丁寧なレファレンスインタビューと資料知識を豊富に持ち合わせているからこそできるレファレンスです。
　レファレンスは資料を紹介して終わりではなく，資料を紹介された人の心に何かを残せてこそ意味があるのだと感じます。この男の子も，本と触れ合っている時間はきっと楽しかったんだと思います。

8

「ハッピーバースデー」からつながる本ありますか?

茨城県立佐和高等学校図書館　（2009年7月，第160回）

　「『ハッピーバースデー』（青木和雄／著　金の星社／刊）は中学生のときに読んで，すごく良かったからぜひ発表したいんですけど，他の2冊を何にしようか迷っているんです」と相談にきた女子生徒がいます。「どういうふうに感動したの?」「いじめられてもしっかりとしたところかな」「他に読んで心に残っている本は?」「『"It"と呼ばれた子』（デイヴペルザー／著　青山出版社／刊)」「2冊に共通のテーマって何だろうね」「いじめとか虐待かなあ」「いじめや虐待って9類文学だけじゃなくて社会科学のところにもあるんだよ」とNDCの説明も簡単にしながら360の棚を案内。「いじめという書名で探すと『いじめの現場』（朝日学生新聞社／編　朝日ソノラマ刊）『いじめられている君へ　いじめている君へ』（朝日新聞社／編　朝日新聞社／刊）というのがあるよ」と紹介しながら書架を一緒に回った。「ふーん，こんな本もあるんだ!『大人も知らない「本当の友だち」のつくり方』（松本啓子／著　講談社／刊）だって」と自分で本を見つけ始め，社会科学という棚との初めての出会いに感激した様子。それからじっくり360の書架と向き合って，やがて彼女は気になる何冊かを見つけ貸出手続きへ。後日発表で紹介したのは『ハッピーバースデー』『"It"と呼ばれた子』の後，『いじめなんてへっちゃらさ』（トレボー・ロメイン／著　大月書店／刊）。そのころ彼女は「これはいじめ?」と悩んでいた時期で体調不良もあって遅刻が重な

26

っていました。発表のとき「この本は『いじめは犯罪です！』とはっきり書いてある本です」と紹介する彼女。担当教員と「本の力を借りながら自分の思いを言ったねえ」と感想を語り合いました。ブックトークを契機に彼女は，頻繁に図書館に来るようになり，社会科学・医学の本など多彩なジャンルの本を借りるようになりました。気のせいか，以前より吹っ切れ凛とした雰囲気も…。

　資料を通して，生徒の成長に関わっていく喜びもあったレファレンスでした。

────────────────────────✎

　好きな本の共通点から，文学以外の本との出会いを促すことができた事例です。好きな本のどんなところに感動したのか，これまでの読書歴をインタビューによって引き出し，生徒の読書の幅を広げることができました。まさに「利用者と資料を結びつける」という図書館員の役割を果たした事例ですね！

　今回は「いじめ」がテーマの本ということで，NDC36（社会）の分類の棚へ案内したというこちらのレファレンス。NDCを伝えるなど，生徒に図書館利用教育を行っている点も注目したいところ。高校入学時の図書館オリエンテーションでNDCの説明をすると思いますが，生徒はあまり覚えてないものですよね。この事例のように利用の機会を捉えて，さりげなく教えた点は効果的であり，生徒の継続的な図書館利用につなげることができています。

9

ドラゴンボールありますか？

荒川区立南千住図書館　（2009 年 8 月，第 161 回）

　カウンターで，10 代の男の子より受けた質問です。居心地が悪そうな様子に，これはあまりダラダラ時間をかけるわけにはいかないけれど，チャンスだなと思いました。図書館初心者である YA 向けのレファレンスにはちょっとしたコツがいるからです。

　この事例の場合，利用者の求めている資料は鳥山明作のコミック『ドラゴンボール』と予想されました。カウンター端末で所蔵検索をしたところ，当館には所蔵がなく，区内の別の図書館には在庫していました。同時にドラゴンボール関連の図書や CD であれば当館に在庫があることも判明しました。利用者に，「コミックのドラゴンボールかな？それならここの図書館にはないんだ。でも，ドラゴンボールについてのこういう本や CD ならほかのフロアにあるんだけど一応持ってきてみる？」とまず回答したところ，本を見てみたいとのことだったので書庫の資料を提供しました。さらにさりげなく，「コミックは区内の他の図書館にはあるから予約をすれば近日中に取り寄せることができますよ。ちなみに予約って知ってる？」と付け加えました。

　この「ちなみに」以下が，YA 向けレファレンスのポイントです。彼らは今，すぐ借りられなければ「どうせ図書館なんて…」となりがちです。一方で，予約やリクエストといったサービスそのものを知らない子どもが非常に多いのも事実で

す。逆に，知ることでうまく使いこなし，興味のある資料を
たくさん借りている場合もあります。図書館を上手に利用し
てもらうための「プラス一言」を心がけることが YA サービ
スには重要なようです。この事例に限らず，YA 世代がカウ
ンターで職員に話しかけるには思った以上に勇気が必要なの
だろうと感じます。その対策のひとつとして，当館では「YA
なんでもノート」を設置し，図書館への質問・疑問やリクエ
ストなどの書き込みに対しては担当が回答するようにしてい
ます。

　図書館に慣れていない方からの質問は，今後の利用につなげ
るチャンスの場面。あれこれ詰め込みすぎもせず，絶妙なさじ
加減で図書館利用のコツを教えています。「ちなみに」と，さり
げなく情報をプラスするのは見習いたいテクニックです。この
ような声のかけ方は，中高生に限らず，図書館をあまり利用して
いない大人にもきっと響きます。図書館側にとっては基本的な
サービスでも，一般的にはそれほど知られていないサービスも
まだまだ多いと思います。
　質問されたことの答えが「ない」，「できない」だった場合，「こ
れだったらある」，「ここに行けばある」というように，何か利用
者にとってプラスになる情報を付け加える意識をもっておきた
いところです。面と向かって知らない人に質問をすることは，
子どもだけでなく大人でもためらう方がいるはず。勇気を出し
てかけてくれた一言に対し，いかに図書館を身近で頼れる存在
だと思ってもらえるかが，勝負どころです。
　図書館サービスの裾野を広げるためにも，あまりカウンターに
来ない方とのコミュニケーションを大切にしていきたいですね。

秋田県湯沢市三関産「さくらんぼ」について

秋田県立図書館　（2010 年 5 月，第 169 回）

　秋田県湯沢市三関のさくらんぼ生産農家が，県産さくらん
ぼの知名度向上と，ブランドの立ち上げをすることになり，
この農家から依頼を受けたコンサルタントが県立図書館を訪
ねてこられました。相談は「直径 27mm の大きさと糖度が
24 度以上あるさくらんぼをブランド化することによって付
加価値を高め，限定品として商品化したい。そのための資料
がほしい」というものでした。特に「湯沢市三関の歴史，風
土，言い伝えを知りたい」など歴史に関する依頼がありまし
た。これには『湯沢市史』（湯沢市教育委員会），『三関のくら
し』（三関 100 年野（談）史編集委員会），『秋田県農業試験場百年
史』（秋田県農業試験場）などの資料を紹介しましたが，『湯沢
の歴史　三関の歴史と院内銀山』（湯沢市昔を語る会）の中に
「上関上野の土壌の良さを『旭さし，夕日輝く木のもとに，黄
金千両漆億おく』と『雪の出羽路』に記している」との記載
を見つけました。この意味についていろいろと調べて見ると，
まず『雪の出羽路』が含まれる『菅江真澄全集 5』（未来社）に
「三関」は現在と過去では地名が異なり，関口下関上関が合併
して三関となったとあり，上関は三関の一部であったことが
わかりました。さらに文中の「漆」に似た意味の歌を調べて
みると，岩手日報 WebNews で「『朝日差し夕日輝く　木のも
とに　漆万盃　黄金億億』平泉町の金鶏山に伝わる詠み人知
らずの歌の中で，平泉文化を象徴する「黄金」に並び，「漆」

30

がいかに大切な存在だったかが示されている」という記事を見つけました。「漆」が「黄金」に並び重要であったことがわかり，歴史を調べるには，地名や価値の変遷も追ってゆくことが重要だということを痛感させられました。最終的にこの『雪の出羽路』の文面は，製品のパッケージに書き込まれて活用されることになりました。このパッケージのデザイン時に「古代ギリシアやローマなどの美術装飾品に関する資料」，「ヨーロッパ王妃の姿」，「古い欧文書体の種類見本」を使いたいとのことで，『古代ローマ』(新潮社)，『図説服装の歴史』(国書刊行会)，『世界服飾文化史図鑑』(原書房)，『ビジュアル博物館24巻』(同朋舎出版)，『西洋書体の歴史』(慶應義塾大学出版会)，『欧字書体集』(グラフィック社) などの資料を紹介し，最終的な製品名は「クイーンブラッド」となり，王冠を付けたしゃれた深紅のパッケージが完成しました。

　このレファレンス質問は幅広い内容でしたが，利用者の方も一つの回答からまた別の質問と繰り返し，それらがブランド構築の発想へと繋がっていったようです。図書館も，この農家のさくらんぼに対する思いや生産技術のすばらしさを感じとり，一緒にブランドを作りあげているような気持ちを持つようになりました。

　2009 (平成21) 年度北日本図書館連盟研究協議会で，この農家の方に事例発表をしていただきました。「図書館がこのように役立つとは今まで知りませんでした。図書館に足を向けては寝られません。今は地元の市立図書館に毎週通うようにしています」とこの農家の後継者の方は話されました。秋田県立図書館にとっても印象に残るレファレンスサービスとなりました。

1つのレファレンスが次のレファレンスにつながり……というケースは少なくありません。この事例はレファレンスの積み重ねにより，ビジネスの課題解決に貢献した好例です。

　まずは地域の歴史，風土，言い伝えを知りたいとのことで，複数の郷土資料にあたっています。特定の地域の風土や地誌を調べるにあたり，『湯沢市史』といった地方史は必見ですが，今回は，さらに県の農業試験場の資料も参照している点がナイスです。農業試験場は，農作物の品種改良や農業技術の向上についての試験，研究などを行う機関ですので，有力な情報が掲載されている可能性があります。

　地名の由来や沿革を調べるときには，定番ツールの『角川日本地名大辞典』（角川書店）も参照したいところ。また，調査手順としては，まずこうした地名辞典でいつからどの地名になったのかという変遷を確認した上で，古い文献を参照するという順序のほうが，無駄がないかもしれません。

　『雪の出羽路』に記されたという歌は，岩手日報で紹介された歌と非常に近似していることから，日本各地に類似の伝承があるのかもしれません。

　『故事俗信ことわざ大辞典』（小学館）には，「朝日さす夕日輝くその下に　黄金千両漆千杯」の見出しが。「朝日夕日のさす日当たりのよい田畑は，祝福された土地で収穫が多い。（後略）」とのことです。

現代の社会問題について書いてある本ありますか?

奈良県立高取国際高等学校図書館 　（2010年11月．第174回）

　受験が迫ってきた3年生男子が夏休み前にやって来ました。「現代の社会問題について書いてある本ありませんか?」というレファレンスです。毎年この時期に受けるレファレンスです。「来た，来た」と思い，例年のようにまず①『日本の論点2010』（文藝春秋編）と②『現代用語の基礎知識学習版2010→2011』（自由国民社）を紹介しました。①は幅広い分野からの課題をその分野の第一人者によって書かれてあり，②は中高生向きに現代社会を理解するための基礎知識を，用語とテーマの両方からわかりやすく解説してくれています。この2冊は普段から調べ学習によくすすめているものです。それにここ最近は世界地図で世界各国の政治や経済，産業，工業などに関するデータを表す形式の本が多く出版されています。その種類の本もということで③『世界地図で読む』シリーズ「グローバル経済」「情報とテクノロジー」「戦争と民族」「環境破壊と再生」「開発と人間」（伊藤正直［ほか］／著　旬報社ブックス）と現代社会に対して問題意識を持つ手助けになるのではないかと岩波ジュニア新書の中から④『日本の基本問題を考えてみよう』（中馬清福／著　岩波書店）を紹介しました。が，どれも意に沿わない様子です。詳しく話を聞いていくうち池上彰の名前が出て来ました。「テレビ番組のなかでニュースの説明をしているのを聞いたらすごくわかりやすかった。池上彰の本で現代社会のことを書いたのがあれば読みたい」

とのこと。生徒の質問をじっくり聞かずに先走ってしまい遠回りしてしまったまずいレファレンスになってしまいました。しかし，参考図書として知っておけば今後役立つ本を紹介することができたことは無駄ではなかったと思っています。図書室には池上彰の本は『そうだったのか！現代史』（集英社）をはじめ何冊か入っていますが，その中で現代社会の問題となると⑤『これで世の中わかる！ニュースの基礎の基礎』（池上彰／著　大和書房）がおすすめかと紹介したところ気にいったようで「夏休み中ずっと貸してもらいます」と言って帰って行きました。

　その後も図書室へやってくる生徒同士が池上彰のテレビ番組や本のことを話しているのを聞いて，テレビの影響力の大きさを再認識させられました。

　夏休みの学校図書館でよく聞かれる質問とのことです。よく受ける質問だと，この事例のようについつい先走ってしまうことも多いと思います。

　レファレンスインタビューをする中で，実は生徒の読みたい本がある程度定まっていた……という事例ですが，子どもは大人以上にレファレンスインタビューが難しいように思います。聞きたいことをきちんと言えなかったり，そもそも知りたいことが定まっていないため，質問があいまいということが多々あるのではないでしょうか。この事例のように細かなサインを見逃さず，本当に知りたいものをしっかり聞き取り，時には一緒に見つけてあげることが大事です。

12

中国人研修生の図書館利用方法

群馬県・大泉町立図書館　（2011年3月，第178回）

　土・日曜日になると図書館で学習をする中国人研修生が多数おり，みんな電子辞書持参で日本語学習に励んでいた。そんな彼らから日本語検定の資料はないか？というレファレンスがあった。早速県立図書館の相互貸借中国語図書を調べると日本語1級を取得するための参考書があり，それを相互貸借で借りることにした。

　するとこの事が彼らの間に広まり，相互貸借の利用者が爆発的に増加し，多いときは1回で100冊あまりの資料を県立図書館から借用することもあった。

　また，そんな彼らから中国語学習資料はありますか？というレファレンスを受けた。中国語がペラペラな研修生がなぜ必要なのか，不思議に思って聞いてみると，会話や買い物等で使う言葉が中国語日本語で並列表記されているので，日本語学習に使えると言う。早速『わかる中国語』という資料を手にとって見てみると，なるほど中国語と日本語が併記してあるではないか。これは，中国語を学ぶ日本人の資料だけでなく，研修生の日本語学習にもぜひ必要だと思い，中国語学習資料を発注した。

　あるとき，『三国志』というDVDはどこにありますか？というレファレンスがあった。パソコンを操作して分類番号などを調べ，要望されたDVDを手渡すと，視聴したいのでということで，視聴のブースに案内した。

そのときはあまり気にとめていなかったが，次週に別の中国人研修生からまた『三国志』のDVDのレファレンスがあった。なにげなく『三国志』は中国では人気があるの？と聞くとそうではなく日本語学習に役立つと言う。そのDVDは「中国語・日本語・英語」の言語が選択でき，なるほどこれならば使えると納得した。

　そういえば彼ら中国人研修生は，特定のDVD利用が多いなあと思いつき，利用の多い説明書を見ると中国語と日本語が入っているもので中国語学習にはうってつけ，彼らの探究心の深さには感心させられたと同時に自分の資料活用法への無関心さを痛感させられた。

　今後は，この経験を生かして，資料は買うだけでなくすでにある資料を研究して再利用できるように心がけていきたい。

　資料の活用方法は，実はいろいろあることがレファレンスを通してわかった事例です。利用者と話していく中で図書館が想定していない資料の活用方法がわかったという点で，レファレンスインタビューで取り上げました。

　検定試験の参考書は基本的に買わないという図書館も多いと思いますが，利用者のニーズはとても高いですよね。ずばりそのままの資料がないとしても，相互貸借を活用したり，代替資料の提供ができるかというのがポイントです。

　それにしても口コミの力は凄まじいです。この事例のように一つのレファレンスをきっかけに利用が増えるというのは素敵なことです。日々のレファレンスを丁寧に対応するという基本的なことを大切にしたいですね。

離婚の本と婚約指輪?

岡山県立図書館　（2013 年 10 月，第 204 回）

　ある日，社会科学カウンターに 60 代くらいの男女のお二人が「離婚の本はありませんか」と尋ねてこられました。離婚の本を聞かれることはよくありますが，ほとんどがお一人で来られます。ひとまず書架をご案内しましたが，しばらくするとまたカウンターへ来られて，今度は「婚約指輪は給料の 3 か月分でなければならないのかどうか知りたい」とのお尋ねです。さきほどの離婚の本と婚約指輪のつながりに？と思いつつも，『結婚の段取りとしきたりがわかる本』（大輪育子／監修　成美堂出版　2005），『子どもの結婚で親が読む本』（主婦の友社　2008）などを見ますと，全国の平均額が紹介されていますが，「給料の 3 か月分」というのは宝石メーカーの広告が広まったもので，特に決まりがあるわけではないとのこと。

　そこまでお話ししたところ，「実は，息子の嫁から，もらった婚約指輪が給料の 3 か月分に満たなかったことがわかったので離婚したいと言われている。そんなことで離婚できるのか調べています」とのこと。『結婚・離婚 Q&A』（東京南部法律事務所／編　日本評論社　2008）には「協議離婚の場合，夫婦の合意さえあれば離婚の原因や責任は問わない」とあります。また，「未成年者であっても婚姻により成年に達したと扱われるので親の同意も不要」「ただし，合意に達していない場合は，調停，審判，裁判で離婚を決めることになる」とのこと。弁護士業務の手続き上の留意事項をまとめた『離婚事件処理

マニュアル』（冨永忠祐／編集　新日本法規出版　2008）を見ると，「婚約指輪の値段」まではありませんが，裁判上の離婚原因などが具体的に書かれています。以上の資料をご案内したところ，納得した様子で帰っていかれました。

　このような法律や裁判に関するレファレンスの場合，提供した資料によって課題がすっきりと解決というようにはなかなかいきませんが，専門機関等の発行するパンフレット等も活用しながら，解決への糸口を図書館でつかんでいただけるように努めています。

　「離婚の本はありませんか」という質問が，レファレンスインタビューの結果，「息子の嫁から，もらった婚約指輪が給料の3か月分に満たなかったことがわかったので離婚したいと言われている。そんなことで離婚できるのか」が知りたいと判明しました。最初の質問からは想像もできない展開です！

　利用者からの質問はあいまいである，とよく言われますが，私がこの利用者の立場なら言いづらいです……。インタビューを通して，本当に知りたいことを話してもいいと思ってもらえるよう，丁寧な対応が求められます。

　なお，法律関連のレファレンスは，この事例のように個別具体的な質問が多い印象です。事例にあるとおり，提供した資料が課題解決に即役立つということはきわめて少ないですし，原則として図書館職員は法律相談に乗ることはできません。法律関連の本やデータベース，インターネット情報とともに，「法テラス」などの相談窓口をご紹介するといった方法が考えられます。

スーパー戦隊シリーズの各戦隊の概要が
わかるものが見たい

蒲郡市立図書館 　（2014 年 8 月，第 212 回）

　これは男の子の父親からの質問です。スーパー戦隊シリーズとは，子ども向けの特撮テレビ番組で，一年ごとに新しいシリーズに替わります。放送中の「獣電戦隊キョウリュウジャー」が終了し，次に「烈車戦隊トッキュウジャー」が始まるとわかった頃の質問でした。息子さんが「なんで悪者はみんな地球にくるのかなぁ」と聞いたのがきっかけだそうです。

　まず自館 OPAC にて「スーパー戦隊」で検索しました。ヒットしたうち『全スーパー戦隊パーフェクト超百科　決定版』（講談社　2011 年）には，「海賊戦隊ゴーカイジャー」（2012 年 2 月まで放送）までの戦隊の概要が子どもにもわかりやすく書いてありました。『スーパー戦隊画報　正義のチームワーク三十年の歩み　第 1 巻・第 2 巻』（竹書房　2005 年，2006 年）では「激走戦隊カーレンジャー」（1997 年 2 月まで放送）までの掲載でしたが，前述のものより内容が詳細で，撮影秘話なども書かれていたためこちらも提供しました。

　またインターネットでも「スーパー戦隊」を検索してみると，「スーパー戦隊百科」というホームページがあり，「トッキュウジャー」（2014 年 2 月より放送）までの解説が見られたのでこちらのサイトも紹介しました。

　各戦隊の概要を調べているうちに，父親が自分の小さかったころを思い出し，見ていた覚えのある「マスクマン」につ

いて，リーダーと敵の姫が恋仲だったと思うがどんな結末だったかと，さらに質問されました。先ほど調べた，『スーパー戦隊画報　正義のチームワーク三十年の歩み　第2巻』を見ると，p.24に「光戦隊マスクマン」の解説の中で，「リーダータケルの恋人・美緒は実は敵幹部イガム王子の妹，イアル姫だった。裏切り者として地底に凍結された美緒を想いつつ，苛酷な戦いを続けるタケルと仲間たち。（中略）激戦の果て，光戦隊は敵軍を打倒するが，それはタケルと美緒，地上と地底それぞれの世界に生きてゆく2人の別れの時でもあった。」と記載があり，2人は別れてしまったことがわかりました。

　この事例はレファレンス協同データベースに登録後，はてなブックマークにも取り上げられ，「やるな！蒲郡」と公共図書館でのレファレンス事例がおもしろいと話題になりました。ツイッターでも数多くリツイートされ，レファレンス協同データベースでも2014年2月のアクセス数TOP 5の中に入るという事態にもなり，とても驚きました。

　お子さんからの質問を聞きに来たお父さんが，興味をもってさらに質問したという事例。こうした地道な利用者とのやり取りが，図書館のファンを増やしていくんだろうなと感じる事例です。また，レファレンス協同データベースに登録したことで，ネット上で話題になった点も注目です。他館にとって参考になるだけでなく，思わぬ効果も得られた事例です。

飽きずに楽しく英語を身につけるには
どうしたらよいか？

新潟大学附属図書館　（2015 年 3 月，第 219 回）

　英語の苦手意識の強い学生から，学習へのモチベーションが上がらないことについて相談を受けた。

　普段の生活の中で楽しく英語を身につける方法はいくつかある。例えば，音楽が好きであれば，自分の好きな洋楽の曲を一緒に歌う，映画や海外ドラマを観るのが好きであれば，英語の音声と字幕を使って単語や表現を学びながら，自分も一緒にモノマネしたりすることで，リスニングやスピーキングのスキルを強化することができる。自分の好きな曲の歌詞や映画のスクリプトなどを，インターネットで検索するとたくさんヒットするので参考になる。ただし，個人が作った正確さに欠けるものや，別サイトへ誘導するリンクや広告には注意が必要だ。

　図書を利用して学習する場合，自分の興味のあるものをたくさん読んでいく「多読」という学習法がおすすめだ。「辞書は引かない」「わからないところはとばす」「つまらなければやめる」の多読三原則に従って，知らない単語がほとんどないような易しいもの，自分がおもしろいと思うものを読んでいく方法である。多読を続けていくことによって，一語一語日本語に訳さなくても英語を英語のまま理解できるようになっていく。楽しいから続けられ，続けられるからこそ次第に英語力が伸びていくということになる。具体的な方法や効果

を実感できる資料として，『100 万語多読入門：辞書を捨てれば英語が読める：めざせ！100 万語』（古川昭夫，伊藤晶子共著，コスモピア，2005）などのガイド書，また隔月で刊行される『多読多聴マガジン』（コスモピア）という雑誌を紹介した。自然と語彙力や表現力がつき，英語をそのまま理解できるようになることは，読むだけではなく，聞く，話す，書くといったスキルアップにも効果的である。多読用の図書としては，単語数によるレベル別の洋書シリーズ Penguin Readers や Oxford bookworms library などをすすめている。英語の読解力を客観的に確認でき，自然とステップアップすることができる。

　大学生から英語学習のモチベーションを上げたいというレファレンス。図書を使う例として「多読」が紹介されています。多読と言えば，「JLA 図書館実践シリーズ」でも『図書館多読のすすめかた』が 2019 年 2 月に発売されています。

　英語の勉強をするとき，本屋で参考書等を買う方が多いと思いますが，私は社会人になってから図書館資料を活用して TOEIC の勉強をしたことがあります。公共図書館だと参考書はなかなかありませんが，ビジネス雑誌に TOEIC 対策が載っていたりして，とても役に立ちました。何より無料というのがよいです！「TOEIC の参考書はあるか」というレファレンスの際も，雑誌をご紹介して喜ばれたことがあります。

　このような経験もあり，勤務館で図書館資料を使った英語の勉強を応援するという企画展示を夏休み期間に開催したこともあります。図書館で英語の勉強というのは意外性があるようで，PR してみると中高生や社会人の方も図書館に注目してくれるきっかけになるかもしれませんよ。

国語科の学習に必要な本を用意してください

京都女子大学附属小学校図書館 （2015 年 5 月，第 221 回）

　1 年生の担任の先生 2 名が同時期に来館され，「たぬきの糸車」「どうぶつの赤ちゃん」という国語科単元についてそれぞれの授業に活用していただくために動物についての本を同時進行で用意した例です。二つの単元にはそれぞれ「おはなしをたのしもう」「ちがいをかんがえてよもう」という目標とする言葉が付加されており，先生方は単元を貫く指導ポイントに沿い，児童につけさせたい力について目的意識をしっかりと持ちながら指導されます。図書館では，先生方がどのような授業計画のもとに本を必要とされているのかを確認し，学習指導の発展に寄与でき得る本を提供します。

　「たぬきの糸車」については，「登場人物の行動を中心に，場面の様子に注意して読み，想像を広げることができる。たぬきやおかみさんになったつもりで，本文にない言葉を考えて絵に合うように書くことができる。」という指導上の留意点があります。絵本を使ってさまざまな動物について同様の学習をやってみたいという先生の発展的なアイデアから「どくしょどうぶつえん」と名付けた並行読書の手法が生まれました。その計画に役立つべく，動物が出てくる絵本数百冊を用意しました。『としょかんねずみ』（ダニエル・カーク作・わたなべてつた訳，瑞雲舎，2012 年）他，多数につき書誌情報を略します。

　授業終了後に，「学級文庫という身近な場所に用意しても

らった絵本を短期間で一人数十冊も読んで台紙にいろいろな動物シールを集め，自分のおきにいりの絵本を級友に薦める児童と薦められた絵本に関心を示す児童が出て交流が図れました。」とのお言葉を先生からいただきました。

　一方で「どうぶつの赤ちゃん」については，「それぞれの赤ちゃんの違いを絵と文でまとめる。比べたことをまとめる方法を理解する。」という指導上の留意点の通り，違いを比べることが単元を貫くキーワードであることを押さえて動物関連の参考資料を準備しました。『くらべてみよう！どうぶつの赤ちゃん』全10巻（ますいみつこ監修，ポプラ社，2008年）や『大切ないのち，生まれたよ！』全5巻（今泉忠明監修，学研教育出版，2010年）などです。先生は児童の意欲を引き出して，この資料をもとに，教科書に登場したシマウマとライオン以外のさまざまな動物を比較した「ちがいがわかるどうぶつの赤ちゃんじてん」をクラスで作成し，オリジナルな授業展開を図られました。

―――――――――――――――――――✐

　国語の授業に図書館資料を活用できた事例です。この事例のよいところは，単元目標をきちんと把握している点です。どのレファレンスでも同じですが，質問者の意図を把握することで，より適切な資料を提供することができます。

　子どもたちが自分で読んだ本を紹介し合って，多く読書することにつながるという点も理想的です。小学校低学年のうちからこういう取り組みを行っていると，楽しみながら読書をするという習慣がつきそうですね。また，小学生の「シールを集めたい」という心理を生かしている点もうまいなと思いました。

小学4年生男子, 仲良し忍法を探す

小野市立図書館　（2016年8月, 第236回）

　「忍者になれる本見つけてください」という質問を受けました。「忍者になる」＝「忍者を知る」＝「真似をする」と理解した私は, 忍者について彼が既に読んだ本を聞き取ることにしました。『ビジュアル忍者図鑑　1・2・3』（ベースボールマガジン社　2011年), 『忍者になろう　みんなと修行いざ！からくり屋敷・忍者合戦の巻』『忍者になろう　仲間で修行さあ行くぞ！　宝探しの巻』『忍者になろう　キミも忍者だはじめよう！　わくわく入門の巻』（いかだ社　2011年) でした。この6冊なら頭巾の被り方や武器や忍術についても書いてあるのに, 満足していないことから, 「一番何が知りたい？」と聞くと「全部…」という返事。そこで, まだ彼が読んでいない資料を提供しました。『なるほど忍者大図鑑』（国土社2009年), 『忍者図鑑』（ブロンズ新社　2000年), 『忍者の大研究』（PHP研究所　2012年), 『忍者完全攻略本』（スタジオタッククリエイティブ　2011年) などは写真やイラストで忍者の生活から持ち物まで幅広く書いてあり, これで終了かと思いながらしばらく, 彼の様子をうかがっていると, なんだか表情が冴えません。そこで, 「この本には, 知りたいことが載ってない？」と聞くと次は「大人の本が見たい」というのです。かなり細かいことが知りたいの？ナンバ走りなどの古武術方面？忍術の原理？体験施設の紹介が必要？と思いを巡らせながら, 「忍者になって, 試してみたい忍術があるの？」と聞くと「うん」

とうなずくので,「どんな忍法?」と聞きながら国立国会図書館レファレンス協同データベース(以下,「レファ協」)の入力キーワードを考えていると「乱太郎やしんベエやきり丸みたいに仲良しになれる忍法」というではありませんか。仲良し忍法?! 忍たまの3人組はいつも仲良しだけれど,あれは忍法で仲良くなっているのではなく…。もしかすると彼は,お友達のことで悩みや,困っていることがあるのかもしれない。そうするとこのまま「忍者」の本を探し続けても,彼の満足する資料にはたどり着けないと思い,「忍たまの仲良し忍法はどんな感じ?」と友達について何か喋ってほしいと祈りながら愚問を投げかけました。すると案の定「…」。気を取り直して「忍法に頼らず,忍たまみたいに仲良しになれる別の方法探そうか?」「…」。万事休すかと思い始めたとき,この子は保育園の年長だったころ,『あしたもともだち』(偕成社 2000年)が大好きで,小学1年生のときのお話会でも「もう1回読んで!」を繰り返していたのを思い出しました。ここは絵本や物語の出番ではないか,と思いついたのが『たのしい川べ』(岩波書店 1983年)でした。忍者と全然違う本を出された彼は,「?」という表情と落胆した様子で私の顔を恨めしそうに見上げていましたが,優しい彼は仕方なく借りて帰ってくれたのです。数日後,「どうだった?」と聞く私に「ほんま,ヒキガエルは悪い子や。そやけどなんか,ええなぁ。悪い子も友達やんなぁ」と小さな声で感想を言ってくれました。「仲良し忍法今日も探す?」「…もうええわぁ」それが,頼りにならない大人に頼まないの「NO」だったのか自分のなかで仲良し忍法より違う秘儀を見つけた「NO」だったのかは,わかりません。けれども彼は忍たまシリーズから『長くつ下の

ピッピ』（岩波書店　1964 年）や『ゲド戦記』（岩波書店　2009
年）へと読書の幅を広げ，どうやらヒキガエルを重ねた少年
との付き合いも深まっているようです。
　子どもへのレファレンスは，聞き方，話し方，日々の観察
が必要なのと，大人のように要領よく質問してくれないため，
想像力が大切だと改めて認識しました。

　子どもならではという事例でほっこりすると同時に，子ども
ならではの大変なレファレンスだと感じました。まさか，忍者
になれる本＝友達と仲良くなれる方法とは想像できませんよね。
子どもへのレファレンスインタビューの難しさがよく伝わって
くる事例です。
　また，この子どもが保育園時代に読んだ本を把握している職員
の方はすごいです。忍者と関係ない本を提供しても，その子ども
が借りていくところにも長年培ってきた関係がうかがえます。

アクティブ・ラーニングについて
書いた本を読みたい

新潟県立三条高等学校図書館　（2016年9月，第237回）

　先生方が一方的に教える授業から，生徒自身が能動的に学ぶための方法を取り入れた「アクティブ・ラーニング」なる授業の形態が，これからの教育の主流になっていくということが言われています。

　とにかく，予算が少ない昨今の県立高校図書館では，生徒向けの本を購入するのにもお金が足りない，というのが悩みゆえ，先生方が必要とする本まで手は回りません。私のいる図書館は，10年ほど前に新築された，1階生徒玄関のすぐ脇にあり，環境のいい場所と思うのですが，年々忙しくなるばかりの職員を取り巻く現状と，おそらくは私の図書館に関する取り組みがいま一つなのか，先生方が図書館に現れることは残念ながら多くはありません。

　そのような中で，「アクティブ・ラーニングに関する本が読みたいです」という教員の声がありました。教育学部で学びたい生徒が読むことも想定して，早速，何冊か購入して提供しました。

　このことがきっかけで，その方は図書館で次々と本を借りてくださるようになり，小論文指導の際は，生徒にアクティブ・ラーニングの本を紹介，図書館で借りるよう指示してくださいました。

　さらに，私自身がその方のアクティブ・ラーニングの手法

を取り入れた授業を見る機会に恵まれ，授業中の生徒の様子を見学できたのは，貴重な体験でした。それ以来，教員の公開授業が行われる際は，見学するようになりました。例えば，英語の教材では，面白いトピックが取り上げられていることを，見学した授業から知りました。文字フォント，建築家・安藤忠雄さんの取り組み，江戸の生活についてなど。図書館係の教員とも連携しながら，関連した本を一つのコーナーに集め，生徒に読んでもらっています。

たった一つのレファレンスが，巡りめぐって，司書の世界を広げた，という嘘のような本当の話です。

予算が少ない，一人職種，という立ち位置で，どうせダメだろう，と前向きに取り組むことをはなから諦め，他の図書館で行われている先進的な取り組みは自分には関係ない，と尻込みしてしまう自分の意識が，このことで，少し変わった気がします。人とつながってみるだけで，仕事や立ち位置を変えることができることを教えてもらった仕事となりました。

私もほんの数か月ですが，高校の図書館で勤務したことがあります。学校の先生は本当にお忙しい！ 図書館側から先生に図書館をPRしていかないと，と言うよりPRしてもなかなか気にしてもらえないのが実情ではないでしょうか。

そんな中，先生からのリクエストがきっかけで良好な関係を築くことができ，授業に役立つ図書館になった素敵な事例です。1回のチャンスを逃さず成果をあげ，公開授業を見に行くようになるなど，まさに世界を広げることができました。

「モスキート音」はなぜ若者にだけ聞こえるのかを解説した本

和歌山県立図書館 　（2017 年 1 月，第 240 回）

　質問者は，60 代くらいの男性。

　まず，『音の百科事典』（音の百科事典編集委員会／編　丸善 2006）など「音」や「音響」に関する資料を数冊調べてみましたが，索引に「モスキート音」という語句は出てきません。

　「蚊」に関する資料も何冊か調べてみました。『蚊』（池庄司敏明／著　東京大学出版会　2015）に羽音周波数などの記載がありましたが，「モスキート音」という語句はありません。ご本人と一緒にそれぞれの本の内容も確認しましたが，回答には至りませんでした。索引に「モスキート」が掲載されている『ゼロからはじめる音響学』（青木直史／著　講談社　2014）が当時，貸出中で提供できなかったのが残念です。

　百科事典等にも該当がなく，『現代用語の基礎知識　2016』（自由国民社　2016）により，やっと意味を調べることができ，これで十分だとその日は帰られました。

　しかし，再度来館され，①「モスキート音」のような高周波はなぜ若者にだけ聞こえるのかを解説した本，②音が表であらわされたような本はないかという質問を受けました。

　②については，お探しの表がどういうものなのか，なかなか理解するのが難しかったのですが，対話を繰り返すうちに低周波，超音波，ヘルツ，周波数などのキーワードが出てきたので，①の質問とあわせて考え，「表」ということを中心に

「音」や「音響」に関する資料を調査した結果，『謎解き音響学』（山下充康／著　丸善　2004）と『音の科学』（難波精一郎／[ほか著]　朝倉書店　1989）に可聴周波数範囲に関する図があるのを見つけ，紹介しましたが，もっとわかりやすい表を希望されました。よくお話を聞いてみると，おじいちゃんは何でも知っていると思っている孫（小学生）に説明したいとのことでした。カウンターが混み合って焦ることも多々ありますが，じっくりお話を聞くことの方が早く回答に至ることを改めて痛感しました。

　児童書も含めて調べると，『音の大研究』（戸井武司／監修　PHP研究所　2016）の索引に「モスキート」があり，「モスキート音」や「年齢で変わるきこえ方」などがわかりやすく説明されているうえに，「人間がききとれる音の範囲」として簡単な表が載っていました。

　その表を見たとたんに笑顔になられ「これなら，調べたいことが全部まとめられていて，孫にもわかりやすく説明できる。」とご満足いただきました。

　高齢男性からの質問でしたが，実は小学生のお孫さんに説明するための本をお探しでした。私は質問を聞いて，蔵書検索やデータベースなどで検索しながら意識的に声をかけ，情報を聞き出すように心がけています。事例にもあるとおり，インタビューにより質問者がイメージするものを明確にでき，検索キーワードも引き出すことができます。

2章 調査戦略を練る

　レファレンスは，ただやみくもに調査しているわけではありません。どのような手順で，どういう資料を確認しようか等，いろいろ考えながら質問を聞き，調査しています。

　調査には囲碁で言うところの定石のような「調査の型」やテクニックがあります。どのようなレファレンスにも共通するものなので，身につければ調査がスムーズにできるようになると思います。

　もちろん，型どおりでも対応できない，一筋縄ではいかないレファレンスもあります。そんなときはどうすればよいか。調査の切り口を変えたり，幅を広げたり，発想を転換することが必要になります。

　この章では，「調査の型」を実感できる事例を多く紹介しています。調査方法をすぐ真似できる事例も多く載せました。図書館員がどのように考えて，どのような切り口から調査しているか確認しながら，実際の事例をご覧ください。

バイキングレストランを起業するための
情報がほしい

静岡市立御幸町図書館　（2006 年 2 月，第 127 回）

　学校の課題で，起業するための企画を作ることになった高校生からの質問です。近頃はこういった学生の「働くこと」についての調べ物が増えてきています。

　この方からは細かい質問も幾つかいただきました。
「市内の外食産業におけるバイキングレストランのシェア」
「市内のバイキングをやっている店舗数」
「市内のバイキングをやっている店舗で最も売上が大きい店
（リーダーといえる店）」

　このような質問を受けることもよくあります。

　今回の場合，"バイキング"というのがあくまでサービスの形態であり，職業別（分野別）でいうなら飲食店になることから，はたしてサービス別で店舗数が出ているかを調べることから始めました。いくつか資料を探しましたが，やはり見つからず，外食産業総合調査研究センターに電話で聞いたところ，「あくまでもサービスの形態のひとつなので，バイキングやブッフェといったカテゴリーで統計を取っているものはない」という回答をいただきました。

　インターネットの"i－タウンページ"で「静岡市の飲食店」は 3,810 件（うち 42 件は無関係なデータ），「静岡市のバイキング」で 5 件，「ブッフェ，ヴュッフェ」では 0 件，「ビュッフェ」で出た 1 件はバイキング 5 件に含まれる店舗でした。

しかし，これでは正確な数とは言えず，次の資料で業種業界動向を調べてみることを勧めました。

・『外食産業統計資料集 2005 年版』（外食産業総合調査研究センター）
・『外食ベンチャー企業総覧 2005 年版』（産業タイムズ社）
・『日本の外食産業 2005 年版』（柴田書店）
・雑誌『月刊食堂』（柴田書店）
・雑誌『日経レストラン』（日経 BP 社）

　思ったとおりの数値がそのまま出ていなくても，さまざまな数値を見て状況を類推，把握することはできます。また，今回のように自分が求めるデータは数値化が難しいものだということを知らせることも，ひとつの答えであると思います。

　レファレンスで質問者が求める情報をズバリ提供できるケースは，なかなか少ないと思います。そんなとき，単に「お求めの情報はありませんでした」と回答するよりも，この事例のように，関連するさまざまな情報から類推できるかもしれないと案内できれば，どこまでが調べられる情報なのかということが明確になるため，利用者の今後の調査がはかどると思います。

　この事例では，所蔵資料の調査に加え，専門機関に問い合わせた上で，バイキングというサービス形態での統計はないと確認しており，とても丁寧です。また，業界動向を調べるとよいという提案をし，紹介している資料も外食産業の調査資料としては定番かつ重要な資料なので類似のレファレンスで参考になると思います。「市内」にこだわりがあるようなので，地域の情報誌を見てもよいかもしれないと感じました。

高知県の人には酒飲みが多いか？

関西学院大学図書館　　（2006 年 8 月，第 132 回）

　ある学部の授業でこんな課題が出された。「高知県の人に
は酒飲みが多いか？」という問いに対して，統計資料を用い
て証明しなさいというものである。

　この課題に対して，担当教員からは『地域経済総覧』（「東洋
経済臨時増刊号」として毎年発行）を利用して回答するようにと
の指示が出されていたらしい。ところが，本学では，雑誌『週
刊東洋経済』の通号データしかないため，学生たちは『地域
経済総覧』になかなか行き着くことができない。レファレン
スカウンターには，「『地域経済総覧』を探しているんですけ
ど…」という学生が次から次へと押し寄せることになった。

　レファレンス担当者の回答としては，アルコールの「消費
量」＝「販売量」と仮定し，都道府県別でのアルコール販売
量を調べる。アルコール販売には酒税の納付が義務付けられ
ているため，国税庁より毎年，酒類販売（消費）数量が報告さ
れているので，それを各都道府県の成人人口（住民基本台帳の
年齢別人口を参照）で割れば 1 人あたりの販売（消費）量が算出
可能である。

　また，国税庁のサイトでは年度ごとに「酒税の課税関係等
状況表」を発表しているので，当時の統計から「酒類販売（消
費）数量等の状況表（都道府県別）」を参照すると，高知県は全
国で常に上位に位置している。従って，高知県では全国的に
見ても多くのアルコールを消費していると言える。

レファレンス回答は決して一つではない。教員の求めるアプローチの仕方とレファレンス担当者がたどるプロセスにも違いがあると言わなければならないであろう。ただ，レファレンスカウンターを訪ねてきた学生には課題に対する調べ方をナビゲートする必要があるだろうし，また教員のニーズにも対応する必要もあろう。

　後日，『週刊東洋経済』の書誌データに『地域経済総覧』もヒットするようデータ項目を追加したが，結局は提出期限に間に合わずに終わってしまった。

　大学図書館が大学の教育・研究を支援する機能を持ちながらも，なかなか十分に授業担当者と連絡が取れていないことが多い。今回の例も同様であるが，事前に連絡をいただいていれば，図書館側の対応も後手に回らずに，きちんと授業支援ができたのにと思うと，残念である。

　レファレンスの調査プロセスや，情報が載っている資料は一つとは限らないとわかる事例です。

　この事例では……担当教員が指定した自治体別の社会・経済のデータが掲載されている『地域経済総覧』を活用する。「消費量＝販売量」→酒税と考え，国税庁ウェブサイトを見る。ほかにも，個人の支出・消費がわかる「家計調査」を見る方法もあるのではないでしょうか。

　また，OPAC を検索するにも自館のデータの構造を知っておく必要があるとわかると事例でもあります。この館では『地域経済総覧』は臨時増刊として『東洋経済』の書誌に入っています。雑誌の巻号タイトルの取り方は館によってさまざまです。みなさんの館ではどうやったらヒットするでしょうか？

チャイム

東京文化会館音楽資料室 　（2007 年 3 月，第 137 回）

　「学校のチャイムを調べている。インターネットにヴィエルヌという人が作曲したとあるが本当か。」という質問。

　『世界楽器大事典』（黒沢隆朝／雄山閣）によると，「チャイムとは調律された組鐘のことで，近頃学校などでウェストミンスター・チャイム方式を時報として採用しているところが多くなった」とあります。『世界カリヨン紀行』（アンドレ・レアほか／新潮社）によると，「ウェストミンスター・チャイムとはロンドンの国会議事堂の時計塔の鐘 “ビッグベン” に併設された四鐘が奏でるメロディーのこと。1858 年に鋳造され，毎時ビッグベンが時打ち，チャイムは毎十五分，三十分，四十五分，正時にメロディーを奏でる。このチャイム・メロディーは BBC 放送の時報でも使われ世界的に知れ渡っていった。」とあります。

　ヴィエルヌは，『クラシック音楽作品名辞典』（井上和男／三省堂）によると，「Louis Vierne（1870-1937）フランスのオルガニストであり，多くのオルガン曲のほか，室内楽曲，ピアノ曲を残す」とあり，幻想的小品集（Pieces de fantaisie）の組曲第 3 番 6 曲目に「ウェストミンスターの鐘（Carillon de Westminster）」という曲がありました。当室でも LP，CD，楽譜を所蔵しており，聞いてみると確かに聞きなれたチャイムのメロディーが主題となっています。

　Google で “Westminster chimes” を検索してみると，BBC の

サイト（現在は削除）や Wikipedia に由来が出ていました。
「Westminster chime は元々は 1793 年にケンブリッジのグレート・セントメリー教会に新しい時計が作られた際に作曲され，実際の作曲者は William Crotch（1775-1847），旋律はヘンデルのオラトリオ "メサイア" 第 3 部のアリア "I know that my Redeemer liveth" の 5，6 小節目に基づいたと言われている。ウェストミンスター宮殿時計塔建設時にチャイムの旋律として採用された。」とあります。ヴィエルヌのレコード『les Grandes toccatas』（Marie-Claire Alain/ RVC）の解説には「ヴィエルヌがイギリスへ演奏旅行に赴いた際に鐘のメロディをもとに作った」とあり，年代から考えてもチャイムがヴィエルヌの曲から取られたという説は誤りで，彼が鐘の音を主題としてこの曲を作曲したのだと思われます。なお，メサイアの該当部分を聞いてみましたが，これがチャイムに聞こえるかどうかは微妙です。

　チャイムと作曲者について，音楽の専門事典を複数確認して，事実関係を丁寧に確認しています。

　この事例では，あえて英語でネット検索し，イギリスのウェブサイトにあたっている点が調査の肝だと思います。特に海外の情報は，現地のウェブサイトに詳しく載っている可能性が高いからです。例えば Wikipedia も，日本版と海外版では同じ事柄でも情報量に差があることが多いです。海外版のページを見ると意外な収穫があるので，ぜひチェックしてみてください。

上村淳之さんが紺綬褒章を授与されたようだが, 事実確認したい

奈良県立図書情報館 （2007 年 8 月, 第 141 回）

　上村淳之氏は奈良県在住の有名な日本画家です。ちょっと宣伝になりますが, 図書情報館がオープンした直後の 2005 年 12 月に上村氏が製作した屏風絵『四季花鳥図』を「国際ソロプチミスト奈良－まほろば」を介して図書情報館に寄贈いただきました。屏風絵は 2 階メインエントランスホールに設置し, 一般に公開しています。

　さて, 褒章は官報に掲載されます。利用者によれば, 2006 （平成 18）年 3 月頃授与されたとのこと。所蔵している官報のうち, 2006 （平成 18）年 3 月前後を自動書庫から出してきて調査することもできますが, 図書情報館で導入している『官報情報検索サービス』というオンラインデータベースを利用することにしました。パッケージ系電子資料と同じように, 館内 LAN で職員用端末や PC 利用席のどの席でも利用できるようになっています。

　調査過程の続きですが, 職員用端末の画面上で『官報情報検索サービス』を選択し, 検索語に「上村淳之」と入力して全文検索で検索してみました。すると該当情報がないとの結果がでました。「おかしいなあ」と心の中で思い, 少し考えていましたら, ハッと自分の誤りに気がつきました。そういえば「上村淳之」は本名ではないはずだと。確認のため, 図書情報館で導入している朝日新聞社のオンラインデータベース

『聞蔵　DNA for Libraries』の人物検索データベースで調べると，本名は「上村淳」でした。再度『官報情報検索サービス』で検索語を「上村淳」にして検索しました。確認できました。2006年3月ごろではなく，官報の2005年3月8日第4048号に上村氏は同年2月26日に紺綬褒章と賞杯を授与されたと掲載されていました。

　「上村淳之」を本名と思い込んで検索したのが誤りでした。便利なデータベースも使う人間次第です。自分の思い込みやうっかりしていることもあるので，冷静に考えてみることが時には必要かもしれません。

　地元の有名人物に関するレファレンス。この事例では，「褒章といえば官報」と思いつくかが最初のポイントです。ほかにも破産と言えば官報，など官報にはさまざまな情報が載っています。いくつ思いつけるでしょうか。

　また，「本名」でないとヒットしないというのは，よくある落とし穴です。ヒットしなかったときは，事例のように検索キーワードが正しいか調べてみることが大切です。

　今回は，オンラインデータベースを使って調査を行っています。紙資料も電子資料もそれぞれ長所と短所があります。オンラインデータベースは，紙よりも検索が容易でスムーズな点が便利ですね。導入している館は職員が積極的に活用するとともに，利用者にも使ってもらえるよう宣伝しましょう。

富士山を世界遺産に!

静岡県立中央図書館 　(2007 年 11 月，第 144 回)

　富士山を世界遺産に！ということで，静岡県でも平成 18
（2006）年度から「世界遺産推進室」が設置されました。当館
にも推進室から様々なレファレンスが舞い込んできます。こ
れはその中のひとつ。万葉集の山部赤人の歌，「田子の浦ゆ
うち出でてみればま白にぞ富士の高嶺に雪はふりける」の「田
子の浦」の場所について，現在の田子の浦とは違うことが書
かれている文献を急いで用意してほしいという依頼です。

　まず，地名辞典。『角川日本地名大辞典』（角川書店），『日本
歴史地名大系』（平凡社）に当たります。他説の存在をうかが
わせながらも，前者は「蒲原町の海岸，吹上の浜を中心とし
た付近一帯」，後者は「蒲原，由比，興津付近」としています。
示している範囲に差はありますが，古代の田子の浦を現在の
田子の浦より西の海岸としていることでは一致しています。
現在の田子の浦は富士川の東にありますが，古代の田子の浦
は，富士川より西，清水に至る前の海岸一帯を指していたこ
とになります。『続日本紀』や『風土記』，また駿河の基本的
な地誌である『駿国雑志』でも，田子の浦が「富士」ではな
く，「庵原郡」にあったことが辞典の記載から確認できます。

　また，万葉集の関係から『歌ことば歌枕大辞典』（角川書店），
『萬葉集地名歌総覧』（近代文芸社）や『萬葉集注釋』（中央公論
社）などの注釈書や解説書にも当たりましたが，同様の内容
が確認できました。『萬葉集注釋』の中で澤瀉久孝氏は，「山

陰からはずれて，富士の秀嶺のあざやかに見さけられるところへ出て眺めると，といふ事を『田子の浦ゆうち出でて見れば』と云ったのである」と書いていますが，山あいを抜けて開けた視界に見渡される富士は，さぞ旅人の心を感動させたであろうと推測できます。「遠く望めば美人の如し」と北村透谷は富士の美しさを表現しましたが，東名高速を清水から富士に向かい，薩埵トンネルを抜けたときに目に飛び込んでくるこの富士は，思わず目を奪われてしまう涼やかな美人のごときです。薩埵の東，由比には東海道広重美術館がありますが，広重の保永堂版「東海道五十三次・由比」で，旅人によって峠からのぞかれた白い富士も気品に満ちた素晴らしい富士だと思います。

　雑誌記事の検索でもヒットがありましたが，世界遺産推進室では『日本歴史地名大系』の記述の中に静岡県史を出典とする記述があり，手もとにある県史でその記述を確認，それを使いたいということで落着しました。

────────────────────✎

　ぜひお手本にしてほしい調査プロセスです。
　質問を「地名」と「万葉集の歌」の2つの観点に分解しています。地名と言えば，『角川日本地名大辞典』。定番資料を参照しつつ，ほかにも複数資料を見て，事実確認をしている点がよいです。万葉集についても同様に，注釈書や解説書を複数参照しています。複数の資料を参照するということは，調査の信頼性の担保にもつながるので，どんな調査でも心がけたいポイントです。
　富士山，2013年に世界文化遺産に登録されて何よりです。

JR 総武線が小岩駅付近で曲折している根拠を記した本があるか?

市川市中央図書館　　(2009 年 9 月, 第 162 回)

　首都圏の鉄道路線地図で確認すると, 確かに JR 総武線は千葉県内から東京都内にかけて何かを避けるかのように小岩駅を頂点として「への字」を描いて路線が敷設されていることがわかります。

　当館の蔵書検索システムでいくつかのキーワードを用いて検索をおこない,『ちばの鉄道一世紀』(白土貞夫著　崙書房出版　1996),『江戸川区史　第三巻』(江戸川区　1976),『鉄道路線変せん史探訪』(守田久盛, 高島通共著　集文社　1978),『全国鉄道事情大研究東京東部千葉篇 1』(川島令三著　草思社　2002)を抽出。これらの資料には小岩駅付近の線形についての直接の記述はありませんでしたが, おおよそ以下のようなことが判明しました。JR 総武線の前身である総武鉄道は, 本所 (現, 錦糸町) －八街間の開業の免許取得および市川－佐倉間, 本所－市川間がまず開通したが, 小岩－上野間も開業の仮免許を取得していた。しかし, 人家の密集する市街地通過は早期の開業が困難と判断。代わりに本所－小岩間を免許取得して建設を進めたとのこと。もし, 当初の計画通り小岩－上野間の開通が実現していれば, ほぼ直線のルートとなっていたこととなります。

　鉄道がまだ珍しかった明治期に, 人々が鉄道建設による悪影響に不安を持って鉄道や駅を町から遠ざけたという話は全

国的に分布しており，これらを総称して「鉄道忌避伝説」というそうです。実際はその事実を証明する文献が何も残されておらず，古老の口承として漠然と伝えられているだけなので，「伝説」というのだとの由。現在見られる記録の多くは，これらの口伝を昭和期以降の地方史家が何ら考証せずに市町村史誌に記載し，さらに小中学校の社会科副読本にも掲載されたことによって，現代でもそれが事実であると誤認されているそうです。(『鉄道忌避伝説の謎』青木栄一著　吉川弘文館 2006，『鉄道の地理学』同著　WAVE 出版　2008)

　この利用者はかような類いの話を人伝えに聞いて当館にたずねてきたものと思われます。実際の路線敷設の経過に関する資料と併せて，「鉄道忌避伝説」に関する資料も紹介しました。

─────────────────────────✐

　区史だけでなく，鉄道史の観点からも調査を進めている事例です。
　地方史は郷土のレファレンスを行う上で欠かせない参考資料ですが，出典がはっきりしない情報については注意が必要ですね。私は，地方史は信頼性の高い情報源だと思い込んでいたので，この事例を見て驚きました。
　鉄道に関する計画について調べる上では，当時の官報，国土交通省に相当する官公庁などの記録も参照してみるとよいと思います。また，鉄道会社の社史を見るとよいかもしれません。これらは国立国会図書館デジタルコレクションで閲覧できるものもあるので，チェックしてみてください。

昔（江戸時代くらい）の日付やものの数え方

千葉県立中央図書館　（2010 年 1 月，第 166 回）

　数え方は，NDC では 815.2 の数詞です。『数え方でみがく日本語』（飯田朝子著　筑摩書房　2005　ちくまプリマー新書）の第 1 章「数え方って何？」の「読み方いろいろ，日本語の数詞」には，和語数詞（日本語古来の数）「ひと，ふた，み…」，漢語数詞（中国から入ってきた数）「いち，に，さん…」や，「つ」（和語助数詞の代表）と一緒に使う「一つ，二つ，三つ…」について説明があります。なお，飯田氏の『数え方の辞典』（小学館　2004）やウェブサイト[1]によれば，一匹など，ものを数える際の助数詞は，日本語にたくさんあるそうです。しかし，昔の数え方なので，古語辞典にないか見たところ，高校生や一般社会人向けの学習用辞典『旺文社古語辞典』（松村明〔ほか〕編　旺文社　1994）の付録に日の名称がありました。「一日：ついたち，十一日：とをかあまりひとひ，二十三日：はつかあまりみかはつかみか，三十日みそかつごもり」などです。また，ものの数え方は『数の話題事典』（上野富美夫著　東京堂出版　1995）の数の用語編「数の語呂合わせ」に「短歌，俳句では江戸時代からすでに基数について，それを簡略な音で表すことが行われた。1：ひ，ひと，イチ　2：ふ，ふた，ニ　3：み，みつ，サン…」とありました。

注

1） Asako Iida's Home Page
http://www5b.biglobe.ne.jp/~aiida/index.html
※現在は閲覧することができません。

　「江戸時代の○○」というレファレンスは，都立図書館だから
ということもあるとは思いますが，よく聞かれる気がします。
私はよく「物価」について聞かれました。

　さて，事例ではNDCの数詞の分類の本を見つけ，そこから調
査を広げていっています。最初に挙がっている本の著者（飯田
朝子氏）の，他の著作やウェブサイトに着目したのがポイントで
す。著者である飯田氏は言語学者であり，数え方に関する著作
等を多く発表されています。その道の専門家が執筆されている
本や論文を見つけたら，この事例のように同じ著者の他の著作
等を見るとヒントが得られます。ただし，飯田氏のウェブサイ
トは現在閲覧できなくなっています。Web上の情報源は急に見
られなくなることもあるので要注意です。

　また，参考文献から関連する資料を探すという方法も効果的
ですね。

居住地域の地下水の水質や流路などについて知りたい

福井県立若狭図書学習センター　（2010 年 6 月，第 170 回）

　当館の近辺には「名水百選」が 2 か所もあり，地下水湧水が豊富な地域として有名です。地域の地下水について，その水質や流路などを知りたい…という問い合わせです。

　関連する資料の可能性として，一つは国や地元自治体といった公的機関の調査報告など，もう一つは大学の研究者や研究機関による論文や報告書などがあると考えられます。

　まずは当館の資料で関連するものを探します。OPAC で，郷土資料限定として，タイトル「地下水」で検索。また，郷土資料の NDC 番号 452 と 519 の地下水に関連する分野の書架をブラウジングします。これにより，以下の資料が確認できました。

　「福井県小浜平野の地形地質と地下水について」（笹嶋貞雄／著　『福井大学学芸学部紀要』所収　1962），「福井県における地下水の水質分布」（『福井県衛生研究所調査研究報告』所収 1974），『福井県水理（地下水）地質図説明書』（福井県／編・発行 1965），『公共用水域および地下水の水質の測定に関する計画』『（同）測定結果報告』（福井県／編・発行　1972 より毎年発行），『全国地下水（深井戸）資料台帳』近畿編 1（国土交通省土地水資源局国土調査課／編・発行　2001）。

　また参考図書的なものとして，『福井県地質文献地質調査箇所資料集』（福井県測量設計業協会／編・発行　1995）があり，

この中の「水質泉質編」の文献目録には，上にあげた資料の
ほとんどが紹介されていました。

　次に Web 上のデータベースから関連する資料を探します。
国内各種 DB の一括検索システムである国立国会図書館 HP
の「デジタルアーカイブポータル」，学術論文等の DB 検索シ
ステム国立情報学研究所の GeNii，検索エンジン Google など
で検索。キーワードとしては，「地下水」+「調査」「水質」に
「小浜市」or「福井県」などをプラスして検索します。これに
より，上の文献資料のほかに，以下の Web 資料が確認できま
した。

　国土交通省土地水資源局国土調査課 HP の「調査データを
見る」のページ（「水基本調査（地下水調査)」「地下水マップ」等
の全国各地の調査データがあります[1]），福井県衛生環境研究セ
ンター運用「福井県環境情報総合処理システム」の「環境情
報データベース」のページ（上の資料『公共用水域および地下水
の水質の測定結果報告』の Web 版ほかの関連データがあります[2]），
小浜市 HP の「平成 21 年度水質検査計画」のページ（小浜市
内の各水源－井戸湧水のもの多数－の検査項目等がわかります[3]）。

　福井県小浜市近辺の地下水についてのレファレンスですが，
どの地域でも参考になる事例だと思います。

　なお，最後の小浜市の資料は計画時点のもので，各地点の
検査結果までは出ていません。担当課である小浜市上下水道
課に照会すれば，検査結果の情報を得ることができるかもし
れない旨お伝えしました。

注
1） 国土調査（土地分類調査・水調査）
 https://nlftp.milt.go.jp/kokjo/inspect/inspect.html
2） http://www.erc.pref.fukui.jp/
3） https://www1.city.obama.fukui.jp/file/page/831/doc/1.pdf

　調査の道筋がとても整理されている印象です。「国や地元自治体といった公的機関の調査報告」か「大学の研究者や研究機関による論文や報告書」のどちらかに載っていそうだと最初に見当をつけているのもポイント。水質という主題に限らず，地理的な状況について調べたいときには，この２つが有力な情報源になる可能性が高いと思います。

　まずは書架をブラウジングして関連書籍をピックアップし，次にインターネット上のデータベースの調査に移るという流れもよいと思います。

　書籍の中では『福井県地質文献地質調査箇所資料集』に，それまで挙げていた資料のほとんどが紹介されていたとのこと。こちらが先に見つかっていたらもっと手間が省けたかもしれませんが，タイトルには「地質」としか書いてありませんので，内容に水質も含むということは予想しにくいところです。

　ネット検索では，書籍の調査では出てこなかった市単位の調査の最新情報が見つかっています。「小浜市」と「福井県」の両方の自治体名を検索ワードとして入れている点がポイントですね。

銭形平次の人物像と平次の投げた銭が どんなものだったか知りたい

岩手県立図書館 　（2011年1月，第176回）

　小学生のお子さんを持つお母さんから，子どもに平次について教えてあげたい，というお問い合わせです。

　銭形平次は，野村胡堂（岩手県紫波町の出身）が生んだ『銭形平次捕物控』シリーズの主人公です。舞台は江戸。時代小説の登場人物ということで，関連する資料を通覧してみると，『時代小説人物事典』（歴史群像編集部／編　学習研究社　2007）には，「若くて美男の岡っ引。神田明神下，お台所町の長屋に住む。むずかしい捕物となると，二，三間飛びすさって，腹巻から銭をとりだし，相手の顔めがけて投げつける。しかし人情にも厚く，しばしば犯人を許して見のがしてやる。年齢は連載開始時は二四，五歳だったが，のち三二歳に固定される。」と，記載がありました。

　また，平次は実在する人物ではないので，『日本架空伝承人名事典』（大隅和雄【ほか】／編　平凡社　2000）にも目を通してみると，「江戸神田明神下の長屋に住む「江戸一番の捕物名人」の御用聞（岡っ引き）。犯罪者の捕縛に際して，投げ銭の特技を見せるところから銭形の異名がついた。年齢は，シリーズを通じて三一歳。…」と，年齢に相違がみられます。実作者胡堂の『随筆銭形平次』（旺文社　1979）を読んでいくと，「…年がら年中，ピイピイの暮らし向き，店賃が三つ溜っているが，大家は人が良いから，あまり文句をいわない。酒量はた

いしたことも無いが，煙草は尻から煙が出るほどたしなむ。【中略】年は何時まで経っても三十一，これが，銭形平次の戸籍調べである。」とあります。小説の中の銭形平次という人物が見えてきました。

　さて，銭ですが，前述の『時代小説人物事典』には，「投げる銭は丸に四角の穴があき，裏に波紋のある四文銭。」とあります。しかし，先の随筆のなかでは，「かなり重量のある四文銭や，銭形平次の当時には，まだ通貨としての生命をもっていた，永楽銭を利用させたにすぎない…」と語っています。テレビドラマや映画では，四文銭と決まっていたようですが，四文銭以外にも平次は，小説の第一話では，永楽銭を投げています。実際，どのような銭だったのでしょうか。図で示せないのが残念ですが，『日本貨幣図鑑』（郡司勇夫／編　東洋経済新報社　1981）や『日本通貨図鑑』（利光三津夫・植村峻・田宮健三／共著　日本専門図書出版　2004）に，四文銭（寛永通宝），永楽銭，どちらも掲載されています。

　地元ゆかりの作家の作品についてのレファレンスです。銭形平次を「時代小説の登場人物」，「架空の人物」という２つの観点からアプローチし，専門事典を見ています。

　また，専門事典は一般的な事典よりも解説が豊富に載っているので，日頃からどんな専門事典を所蔵しているかチェックしてみるとよいと思います。この事例でも，銭については，専門辞典から何のお金か特定し，図鑑を参照しています。

　ちなみに『日本架空伝承人名事典』には，実在の人物も載っています。どうして載っているかは……実際にご確認ください！

検索語重視のレファレンス

愛知県産業労働センターあいち労働総合支援フロア
労働関係情報コーナー　（2011年2月，第177回）

　まだ，レファレンスの経験が浅い頃，労働組合関係者から，「企業の一時金の支給実態を知りたい」と質問を受けた。資料探索の過程で，"一時金"という言葉に注目し，"ボーナス"，"賞与"の類義語があることを知った。しかし，その使い方の違いがわからず，困った挙句，質問者になぜ"一時金"という言葉を使ったのかを聞いたことがある。このとき，労働組合では，ボーナスを一時の賃金という考えから"一時金"と言い，対して経営者側は"賞与"と言うと教えられた。労働用語の使い方の難しさを知った出来事であった。

　このように，労働の分野では，立場による言葉の使い分けやケースによって人事用語の定義が違うことがある。それを知ることが，レファレンスの勘どころだと実感している。

　当コーナーのレファレンスは，労働分野の専門用語を質問者の言葉や参考資料から拾い出し，検索語として上手く使いこなすことにある。文字の羅列が無機質にOPACを動かすのではなく，検索語の意味や使い方を知り，質問の意図を紐解くのである。

　検索語にまつわる事例として，「各社における人材育成の事例を知りたい」という質問があった。どのような情報でも良いので提供してほしいとのことだ。当初のレファレンスの見立ては，各社の人材育成プログラムを探すことにした。当

コーナー OPAC で，"人材"，"育成" をキーワードに検索し，『これからの人材育成研究－多様な事例解説から探る教育研修の在り方－』（労務行政研究所編　労務行政　2008）等の図書および「特集　企業内人材育成の今後の方向性」（『産業訓練』661 号　日本産業訓練協会　2010.12）等の雑誌記事を数多く見つけた。この中から企業事例を探せばレファレンスは解決できたのかもしれない。しかし，抽出した雑誌記事タイトルの中から "人財" という言葉を見つけたことで回答プロセスに変化を起こすことになった。この "人財" をキーワードに OPAC で検索すると，100 件以上の雑誌記事を抽出した。出力件数の多さと，この言葉の持つ意味に関心がわき，"人財" を含む記事内容を調べることにした。"人財" という言葉は，単なる造語として使われているのではなく，人と企業のつながりを意識した人事用語として使われていること，また，企業のセクション等で，例えば人財部や人財教育部のように使われていることがわかった。

　"人財" とは，企業理念と関係がある言葉だと推測できた。ここで思い切って当初の見立てを軌道修正し「人材育成」から「人財育成」という視点で資料を探すことにした。"大切"，"財産" などのキーワードを使い，「特集　感性を磨いて人間力の開発－わが社の人間力開発 "個性の尊重やお互いを大切に思う心で鍛える"－」（『合理化』476 号　大阪府経営合理化協会 2008.03）などの雑誌記事を探しだし，質問者に，キャリア開発，人材開発プログラムに加え，企業理念の観点からも資料を提供することができた。

タイトルのとおり，「検索キーワードが大切」ということがわかる事例です。検索キーワードの選び方で検索結果が大きく異なってきます。

　わからない用語は利用者に聞いたり，その分野の基本的な資料を見て確認しておくことが大事です。また，調査の過程でよさそうなキーワードが見つかることもありますね。

　余談ですが「人材育成」は，どこの業界でも大事なテーマなので，業界雑誌にはそういう特集がよく組まれている印象です。特に春ごろに多いでしょうか。私自身，新人の教育担当を任され，どうしたものかと悩んでいた際，雑誌『ファッション販売』に載っていた特集記事を見て勉強になった記憶があります。他の業種でも思わぬヒントが見つかることもあるなと実感しました。

「アジヤアメリカ大陸の　二つを〜」で始まる歌の歌詞を知りたい

北海道立図書館　（2012年1月，第188回）

　カウンターに現れた老紳士が，「自分は80歳を過ぎたが，1936（昭和11）年，5年生のときに習った歌の歌詞を知りたい。戦争が始まろうかというときだったが，アメリカだ日本だなどと言っていてはいけないと，尊敬する先生が教えてくれた歌で，同級生ともう一度歌いたい。題名は不明で，歌詞は一部わかるだけ。あちこちの図書館や国立国会図書館にも行き，数年来調べているがわからない。これでは死んでも死にきれない。」と言うのです。何と大袈裟な，また国会図書館でわからなければ無理だろうと内心は思いましたが，そうは言えず，調査を開始しました。

　「リサーチ・ナビ」で「歌詞　調べ方」をキーワードに検索し，国会図書館の調べ方案内「歌詞を調べる」を参照。歌い出しで引ける国立音楽大学附属図書館の「童謡・唱歌索引」[1]で，「アジヤアメリカ」でテキスト検索したところあっさりヒット。「太平洋」という歌で，『新尋常小學唱歌　第5學年用』（音樂教育書出版協會　1931）所収と判明。

　そこで，再び「リサーチ・ナビ」の「目次データベース」で「太平洋」を収録する歌集等を検索しましたが，題名だけでは同一曲か否か判断がつきません。唱歌関係蔵書に直接当たることとしました。当館の歌調査の強い味方として，特別コレクション「栗田文庫」があります。1952（昭和27）年から

約10年間東京にあって，国内の全出版物を展示し閲覧に供していた栗田ブックセンターから寄贈されたこの資料群には，唱歌，軍歌，寮歌ほか，さまざまな歌集が多数あります。残念ながら，「太平洋」という題の別の歌ばかりでした。それで最終的に，『新尋常小學唱歌　第5學年用』の伴奏及解説版を所蔵する北海道教育大学附属図書館を紹介。大変喜ばれました。

　後日その方から電話があり，「少々お待ちください」と言ったきり，しばらく電話口で待たされました。保留音だけが鳴り続け，「やけに長いな…。もしやこの曲は…!?」と思った途端に，「聞いていただけましたか？楽譜をもとにアレンジしてピアノで弾いてみたのです。」と。その後も来館され重ねてお礼を言われ，長い司書生活でここまで大感激されたのは初めてでした。

注
1)　童謡・唱歌索引（国立音楽大学附属図書館）
　https://www.lib.kunitachi.ac.jp/collection/shoka/shoka.aspx

　国立国会図書館の「リサーチ・ナビ」により検索の手がかりを得て，それらしきものを発見。歌い出しで検索できるツールは便利です。この本の他の事例でも使われています。

　続いて，同じく「リサーチ・ナビ」の「目次データベース」で検索するも「太平洋」という題名は同定が難しく，事例館が所蔵している唱歌関係蔵書にあたっています。自分の館にこういう資料があるということをわかっていないと難しいですし，直接見ないとわからないことも多々あります。最終的にはレフェラルサービスを活用し求める資料までたどり着けました。

進行性核上性麻痺について, できるだけ専門的な資料を借りたい

高知県立図書館(現・オーテピア高知図書館)　(2012 年 3 月, 第 189 回)

　この日, 健康情報サービス担当は不在。知らない病名です。当館には医学系データベースが導入されておらず, 論文等含め専門的な医学情報を必要とする方には, 「医療情報サービス Minds」等インターネット上の検索ツールや, 外部機関を紹介してきました。しかしネットを利用できない方も多く, この方もまた来館当日の資料貸出を希望でした。自館 OPAC はまったくヒットしません。

　しかしこの職員は慌てず, 前月勉強していた, 「病気の概要を確認して, その診療科の本をあたる」という流れで調査を続けました。まずはこの 1 冊と学習した『今日の治療指針 2011』(医学書院　2011) から。各分野の専門家が疾患の説明や最新治療法を毎年書き下ろし, 主要な診療ガイドラインも収録する 1 冊です。進行性核上性麻痺については「脳神経内科分野」の教授が記述。「パーキンソン病に類似する」「神経変性疾患」で, 厚生労働省調査研究班から『進行性核上性麻痺 (PSP) 診療とケアマニュアル』が出されていること, 「特定疾患医療費公費負担制度」の対象であることなどがわかりました。また, 公益財団法人難病医学研究財団の「難病情報センター」のサイト (http://www.nanbyou.or.jp) には進行性核上性麻痺の説明があり, 前述の『診療とケアマニュアル』のほか, 『転倒防止マニュアル』『パーキンソン病と関連疾患 (進行性核

上性麻痺，大脳皮質基底核変性症）の療養の手引き』をダウンロードできます（最終確認 2011 年 1 月 6 日，情報更新日 2009 年 2 月 16 日）。

　これにて，進行性核上性麻痺とは「難病」の特定疾患で「パーキンソン病関連」であり，「神経変性疾患」として「脳神経内科分野」で受診するとわかりました。該当分野の貸出可能本にあたります。まず特定難病（493.11）の棚から。『難病の診断と治療指針1』（東京六法出版　2005）pp.225-235 に「パーキンソン病関連疾患」として「進行性核上性麻痺」についての記載がありました。次は神経系疾患（493.73）の棚へ。『神経疾患最新の治療 2009-2011』（南江堂　2009）pp.188-189 などに記載が見つかりました。

　誰もが自館資料を最大限に生かして迅速に対応できるよう，事例検討会を行なう有効性を感じた 1 件でした。

　ちょっと緊張する医療のレファレンス，おまけに聞いたことのない病名，さらに医療担当不在という困った事態に，事例館で実施している勉強会の成果を十分に生かして無事回答ができた事例です。ぜひ参考にしていただきたい調査手法です。

　まず，マイナーな病気などは診療科をチェックするというのが肝心です。病名等でそのまま検索しがちですが，たいていヒットしません。こんなときは診療科を調べて，その分野の資料を見ると載っていることが多々あります。また今回の質問者は「なるべく専門的」という希望なので，医師向けの資料である『今日の治療指針』等を提供しているなど，レベル感も適切です。

【事例執筆館より】オーテピア高知図書館では，データベース「医中誌 Web」，「最新看護索引 Web」が使えます。

32

国内の各自動車メーカーの生産台数の動向と将来予測が知りたい

豊田市中央図書館　（2012 年 7 月，第 193 回）

　この質問には，生産台数の推移という過去の情報と，生産台数の予測という異なるカテゴリーの問いが含まれており，当然回答へのアプローチも異なってくる。一般的に図書館のレファレンスでは，後者のような将来の予測に関わる質問には回答しないことが不文律となっている。しかし自動車産業に関しては調査会社数社から予測レポートも出されているため，それらの資料に即して回答することは，差し支えないと考えられる。

　さて前半の質問である自動車の生産台数については，まず統計の出所から調べることにした。統計情報を調べる際のポータルサイトである「政府統計の総合窓口」から，キーワード検索で自動車 and 生産台数と入力すると，国土交通省が作成している自動車輸送統計調査がヒットした。そして，この統計表を開くと，社団法人日本自動車工業会の「自動車統計月報」が出典であることがわかった。しかし政府統計では，最新の統計値が掲載されていなかったため，改めて日本自動車工業会のサイトにアクセスすると，同サイトには日本自動車工業会の会員である国内自動車メーカー 14 社の毎月の生産台数が，車種ごとに集計されていた。ちなみに当館で所蔵する類似資料としては，『日本自動車調査月報』（フォーイン）もあった。また過去の生産台数の長期データについては，日

本自動車工業会が発行する冊子体の『世界自動車統計年報』で追跡することができた。

　次は生産台数の予測であるが，これについては自動車メーカーは，中長期の生産台数の見通しを明らかにすることは少ない。そのため調査会社が発行する予測レポートが参照されることになる。調査会社では，世界各国の経済情勢，エネルギーの需給，環境法制の動向，自動車需要の見込み，メーカー各社の中長期の販売計画，設備投資の状況などを総合的に踏まえてレポートを作成している。当館で所蔵していた資料としては，最新版でないものもあるが，『2015 年における自動車産業予測』（総合技研　2009），『日本メーカーの乗用車モデル別生産予測と新型車投入計画 2010 年版』（アイアールシー 2010），『世界自動車産業の生産・販売台数予測調査 2012 年版』（アイアールシー　2012）などがあり，それらを提供した。

　近年ではビジネス支援を図書館サービスに掲げる公立図書館も少なくなく，当館の自動車資料コーナーでもビジネス支援としての含意を持つ資料を相当数所蔵している。とは言え，ビジネス環境は刻々と変化するため情報の陳腐化も早く，図書館がそれに対応して有効性の高いサービスを行うためには，常に鮮度の高い資料・情報を提供していく必要がある。今回紹介した調査レポート類はかなり高額なため，当館でも限られた資料費の中で選択的収集を行なっているが，上述のような情報ニーズとのはざまでジレンマがあることも付言しておきたい。

TOYOTAのおひざ元，豊田市でのレファレンスです。見本のような調査プロセスです。

　まず，「生産台数の動向」と言われ「統計」と思いつくかどうか。国はいろいろな調査をしています。「統計にありそう！」と思いつくにはどうすればよいのでしょうか。たぶんどの図書館でも所蔵しているであろう，『日本の統計』を眺めてみるのもよいかもしれません。案外これだけで回答ができる場面もあります。

　次に元をたどること。統計を見つけて，その出典の統計を見るというのも大事な手法です。論文の参考文献をたどるイメージでしょうか。この事例では，出典の統計の実施元の協会ウェブサイトや出版物にあたっています。意外にここを忘れてしまう人もいるのでは？

　そして「市場予測は調査会社のレポート」と思えるかも大事です。統計情報はネット上で入手できる時代になりましたが，調査会社のレポートなどは図書館でないと得にくい情報だと思います。ただし，事例中にもあるとおり，なかなか高額なので所蔵していない場合は，ビジネス支援を行っている館や，都道府県立図書館に聞いてみるのもよいかもしれません。

海音寺潮五郎「コーランポーの記」の初出

国立国会図書館人文総合情報室　（2013年4月，第198回）

　著作の初出はよく聞かれる質問です。定番のレファレンス・ツールは当館の「リサーチ・ナビ」に調べ方案内「文学作品の初出を調べる」としてまとめてありますが，探索の最初に「見立て」をして，それを確認するという検索戦略を立てると効率的に探すことができます。

　ここでは海音寺潮五郎（1901-1977）が戦前から活躍した作家で，タイトル中の「コーランポー」が外国の地名らしいとわかっているとよいでしょう（ネットでわかります）。そこで，「戦前分も探索対象にしなければならないな」とか，「～の記」というタイトルから手記か紀行，つまり「小説ではなく，ノンフィクションかもしれない」と気づいておきます。文学作品の索引類からは，小説以外のものが省略されがちだからです。

　最初に皓星社の「ざっさくプラス」を検索しました。これは当館契約データベースで，戦前の雑誌記事を探すには必須です。それに，当館作成の雑誌記事索引データも取り込んでいるので一手間減らせます。しかし見当たらず。記事索引といえば，当館の「国立国会図書館デジタル化資料」（https://dl.ndl.go.jp/）も目次情報が検索できるので有用です。すると，あっさりと海音寺潮五郎「コーランポーの記」『マライの土：作家部隊随筆集』（新紀元社　1943.3　pp.63-93）が見つかりました（単行本の目次情報も採録されています）。そこで中身を通覧

しましたが，初出情報は見当たりません。ではこれが初出なのかといえば，出版界の慣例からいってそうではない気がします。ただ，少なくとも 1943 年 3 月以前，それも太平洋戦争開始後ではないか，という有力な手掛かりになりました。

　まずは定番のレファレンス・ツールのうち，戦前・戦中期を採録対象にするものを確認します。浦西和彦，青山毅編『昭和文学年表』全 9 巻（明治書院　1995-1996）には出ていませんでした。年代の当たりがついたので『文芸年鑑』を見てもよいのですが，索引がないので見落とす可能性が大きく手間なので，後回しにしました。（1943 年を対象にした『文芸年鑑』は刊行されませんでした）

　そこで海音寺が有名な作家ということから，"研究事典"の類を見て著作年譜を探します。研究者が作成した網羅的な著作年譜であれば，初出を確認できます。『明治・大正・昭和作家研究大事典』（桜楓社　1992）には海音寺が立項されていなかったので，長谷川泉編『現代文学研究』（至文堂　1987）を参照すると，尾崎秀樹『海音寺潮五郎・人と文学』（朝日新聞社 1978）に詳細な著作年譜があるとありました。その年譜にあたると，「「コーランポーの記」『オール読物』昭和 18・1」とあり，『オール読物』の昭和 18 年 1 月号に掲載されたとわかりました。年譜ではそれ以前に同じタイトルが見当たらないので，やはり単行本に収録される 2 か月前に雑誌に掲載されたものが初出のようです。

　あとから，福島鑄郎，大久保久雄編『戦時下の言論』（日外アソシエーツ　1995）でも『オール読物』の掲載号が出てくることもわかりましたが，初出かどうかを判断することは，これだけでは難しいでしょう。

いろいろな調査のヒントが詰まっているので，調査戦略を考える上で参考になる事例です。一部補足をするとすれば，単行本が初出ではない気がする，という部分。これは，雑誌に掲載されたものが本になるというケースが多いためです。実際，今回の初出も雑誌に載っていました。こういった出版に関する知識があれば，調査に役立てられます。

角徳という店を探している

京都府立総合資料館(現・京都府立京都学・歴彩館)

(2013 年 9 月，第 203 回)

　質問者のご先祖が，1831（天保 2）年に島原の角徳という店に立ち寄ったという。その場でお金を払っているので茶屋か何かだと思うが，この店について知りたいという質問でした。島原といえば京都で知られている花街のひとつで，幕末には新選組も島原へ遊びに行ったといいます。

　さて，江戸時代から昭和初期の代表的な書物を集めた資料に「京都叢書」があります。京都の名所旧跡，地誌，年中行事，風俗，町の由来などを調べることのできる京都の百科事典です。「京都叢書」には，江戸時代に刊行された京都の名所案内記や地誌をまとめた『新修京都叢書』（全 25 巻　臨川書店 1976-2006 年），その続編にあたり，元禄から昭和初期にかけて書かれた資料を集めた『新撰京都叢書』（全 12 巻　臨川書店 1984-1989 年）があります。

　これらの資料には索引がありますので，はじめに「角徳」で探してみましたが，記載されていませんでした。また，『新撰京都叢書　第 7 巻』に収録されており，京都における諸職種が一覧になっている天保 2 年版の『商人買物独案内』を調べましたが，結果は同じでした。

　なお，光彩社が発行する『新修京都叢書』（全 20 巻 1967-1969 年）もありますが，この資料にも該当する店は記載されていませんでした。

調査の過程で，『新撰京都叢書』の人名索引に気になる記述がありました。「すみ屋徳右衛門」です。該当する巻を見てみると，『新撰京都叢書　第9巻』に収録されている1757（宝暦7）年刊行の島原の案内記『一目千軒』の中に，「あげ屋　茶屋」「角屋徳右衛門」がありました。

　蔵書検索でキーワード「角屋」を検索し，ヒットした資料を調べると，『角屋案内記』（改訂4版　長松株式会社文芸部2006年），『角屋　付録2解説』（中央公論社　1983年）それぞれに「角屋徳右衛門の座敷」という記述がありました。また，1788（天明8）年には『寿見徳座敷之記』を刊行していたことがわかります。『一目千軒』『寿見徳座敷之記』ともに天保2年より数十年古い資料ですが，角屋が自らを「すみとく座敷」と呼んでいたことは確かなようです。

　京都に古くからある店の中には，池田屋長兵衛のように，氏名の頭文字を取って「池長」と屋号を持たせることがありますので，角屋＝角徳と考えることもできます。

　角屋は，島原が開かれて以来現存する唯一の揚屋の遺構として国の重要文化財に指定されています。新選組が角屋での遊興を楽しんだ際，芹沢鴨が暴れ，そのときに付けたとされる刀傷が今でも残っています。

　郷土関係や質問の多い分野では，今回の『京都叢書』のように何を最初に見ればよいかを知っておくことが大切です。

　キーワードを変更して情報を見つけ出した点もポイントです。古くからある店は頭文字をとって屋号にすることがあるという知識が「角屋徳右衛門＝角徳？」という気づきを生み，キーワードの変更に結びついた点はすばらしいです。

世界の米軍基地について，各国での規模と
在留軍人数のデータを知りたい

立命館大学図書館　（2014 年 1 月，第 205 回）

　学生からの問い合わせであった。利用者の希望としては，
冊子体（できれば日本語）で見られるものがあれば，それを利
用したいとのことだった。冊子体であまり該当するものが無
さそうであれば，オンラインで見られる資料も提示してよい
か尋ねると，それで良いとのことで調査を開始した。

　希望する内容は具体的だが，キーワードで単純に蔵書検索
をしてもタイトルなどにそのキーワードが無いと，該当資料
の情報は得ることが難しい。学生が希望している冊子体を提
示するのであれば，国内の資料で海外のデータが掲載されて
いることもあるので，白書・統計関連では『日本の防衛：防
衛白書』平成 25 年版で確認したが，該当資料は見あたらなか
った。

　国立国会図書館のリサーチナビやレファレンス協同データ
ベースで情報を得るべくキーワードを「米軍　基地」と設定
し検索したが，世界規模の情報は見あたらなかった。さらに
関連図書を検索し，そこから情報を得られないか模索するこ
とにした。図書の概要や帯情報も検索対象となる Webcat
Plus で検索した。キーワードを「米軍　基地」に設定し，一
致検索で検索したところ『米軍基地の歴史』という図書が見
つかった。目次に基地形成についての項目があり，本学の所
蔵があったため，紹介した。

次に，インターネットの情報を確認すべく，Google でキーワードを「米軍基地　世界」に設定して検索を行った。関東学院大学経済学部教授林博史教授のサイト上で，「米軍基地の世界ネットワークのなかの日本・沖縄」（『平和運動』（日本平和委員会）No.500，2012 年 10 月号）の記事が全文公開されていた。その中で，質問内容の「主な国・地域における米軍基地面積と駐留軍人数」の表が見つかった。出典として以下の記載があった。

　「（出典）基地面積は，*Department of Defense, Base Structure Report Fiscal Year 2010 Baseline*，米軍人数は，*Department of Defense, Active Duty Military Personnel Strength by Regional Area and by Country*，各年版より。」

　英語資料かつオンラインでの資料となるが，詳細なデータがアメリカ国防総省のホームページ上（http://www.acq.osd.mil/ie/download/bsr/bsr2010baseline.pdf）に公開されていたので案内し，終了した。（最終アクセス確認 2013 年 10 月末日）

　求めている情報の統計等がありそうと考え，『防衛白書』を確認しています。白書は行政施策や統計等も簡潔にまとまっており，調査に役立つ場面が多くあります。類似事例や関連図書，インターネット情報と，幅を広げていく調査の流れは，なかなかヒットしないときにおすすめです。

【事例執筆館より】アメリカ国防総省の該当ページは，現在 not found となります。同様のデータは 2012 年以降のものが確認されており，2012 年分は以下の URL で確認できます。

https://www.acq.osd.mil/eie/BSI/BEI_Library.html

前田家で飲まれていた酒についての資料が見たい

石川県立図書館　（2014 年 3 月，第 207 回）

　これは，新しい酒の販売のために加賀藩の酒の文献を集め
ている方のレファレンスでした。

　加賀藩に関する基本的な資料集に『加賀藩史料』全 20 冊（前
田家編輯部　1929〜1958，のち清文堂出版より数度再版）というも
のがあります。これは，東京大学史料編纂所の「近世編年デ
ータベース」（http://wwwap.hi.u-tokyo.ac.jp/ships/db.html　最終確認
日：2014-01-10）で綱文を検索し，本文をデジタル画像で閲覧
できます（藩末編・編外編は対象外）。「前田　酒」をキーワード
に検索したところ，「元禄十二年（1699）十二月二十六日　前
田綱紀，初めて世子吉徳と酒宴を行ふ」「明和八（1771）年正月
十三日　徳川家治，前田治脩の酒湯を引きたるを祝せしむ」
等数点がヒットしました。ちなみに，「酒湯」とは「ささゆ［笹
湯・酒湯］疱瘡（ほうそう）の癒えた後，酒をまぜてつかわせた湯。また，
それに浴すること。」（『広辞苑』6 版）というものです。

　次に「酒」をキーワードに蔵書検索を行い，『民俗資料選集
36　酒造習俗 2』（文化庁文化財部編　国土地理協会　2007），『い
しかわの酒蔵』（石川県酒造組合連合会　2010），『酒造関係資料
集』（七尾市教育委員会文化課　1982）等の蔵書を提供し，さら
に鶴来や七尾に「御前酒」を造っていた蔵元があったことが
わかったので，『鶴来町史』歴史篇近世・近代（鶴来町　1997），
『新修七尾市史』10 産業編（七尾市　2007）等に掲載されてい
る翻刻史料を提供しました。「石川県関係雑誌記事検索」に

より，松浦五郎「七尾における江戸期の酒造業」(『七尾の地方史』17　1984)，松浦五郎「七尾酒，二の丸御膳酒に」(『石川郷土史学会々誌』27　1994)，村井朗「七尾酒資料断片」(『七尾の地方史』28　1993) 等も提供しました。

　　地元の藩に関するレファレンス。加賀藩に関する基本的な資料，さらにこれを検索できるデータベースをきちんと把握し，活用しています。ちなみに東京大学史料編纂所は，歴史的な史料について検索できるデータベースを多数作成しており，これらの横断検索もホームページ上でできます。

　　後半は，酒という観点と，蔵元のある地域という2つの観点から，さらに調査を深めています。さらに調査を進めるとすれば，「御前酒」を造ったとされる蔵元の創始者に関する情報や，酒の醸造方法に関する情報がないか調べてみてもよいかもしれません。

　　今回の事例は，内容的には地方史ですが，質問者の目的は酒の販売なので，このレファレンスはビジネス支援の一環と言えます。新規ビジネスの立ち上げにあたっては，いかにその商品をブランド化し，既存の商品と差別化できるかという点が重要になります。そこで，地域性を活かし，歴史的な人物との関係や，伝統をアピールすることが，ブランド化へのアプローチのための一つの手段として考えられるというわけです。ビジネス支援と言えば，業界動向や会社情報のようなカレントな情報がメジャーですが，このような歴史系の資料等も役立てることができますね。秋田県立図書館による同種の事例もこの本に載っています(p.30〜32) ので，あわせてご覧ください。

読書丸の成分について

さいたま市立中央図書館　（2015 年 1 月，第 217 回）

　近代漫画の先駆者である北澤楽天を顕彰する美術館（さいたま市立漫画会館）が市内にあることと関連性はないと思うのですが，コミックの先祖といわれている黄表紙に関する質問を受けることがあります。

　山東京伝の作品の原文と解説をみたい。というような質問が多いのですが，山東京伝が製造販売した「読書丸」の製法や成分を知りたい。という質問を受けました。『日本国語大辞典　第 9 巻』（小学館　2001 年）を引くと「読書丸」は『東海道中膝栗毛』『浮世床』に出てくる丸薬でトクショグヮンと発音することがわかりました。

　江戸時代の薬とのことなので，まずは『和漢三才図会』にあたりましたが記載されていません。国立国会図書館デジタル化資料を検索すると，『山東京伝』（宮武外骨　風俗絵巻図画刊行会　1916 年）がヒットし，送信サービス参加館公開資料になっていました。ログインして確認すると，山東京伝が享和 2 年に売り出したことがわかります。同じく送信サービス対象資料の『紫艸　江戸商標集』（岡田村雄編　出版社不明　1916 年）に薬袋と思われるものが掲載されていて，記憶力や根気をよくするという効能が確認できました。

　製法や成分について自館資料を「山東京伝」「江戸時代の薬」というキーワードでさがしていくと，『江戸時代の図書流通』（長友千代治著　佛教大学通信教育部　2002 年）に，「（前略）現在

では，さしずめ総合滋養保健強壮薬とでもいえるものであろう。『式亭雑記』には薬種成分と分量を記している。（後略）」と記載がありました。『続燕石十種第1巻』（図書刊行会編　中央公論社　1980年）所収の『式亭雑記』（式亭馬琴著）を確認すると，「茯神，遠志各一両，人参七銭，陳皮七銭，石菖五銭，当帰五銭，天草二銭半」の成分と「右（粉）末に為し，麹糊にて丸ずる事，急性子の大きさの如く，硃砂を衣とす」と製法が記されていました。

　茯神や遠志などの個々の成分の詳細は『日本庶民生活史料集成　第29巻』（谷川健一編集委員代表　三一書房　1980年）所収の『和漢三才図会（二）』（寺島良安著）に図入りですべて確認できました。

　山東京伝は，江戸後期の戯作者で黄表紙の第一人者です。そんな人物が，なぜ薬を？　と思いましたが，こちらで紹介されている『紫艸　江戸商標集』（インターネット公開）を見てみると，「小説を以て生計を為すことを得ず」と書いてありました。

　今回の事例では，直接的なキーワードでヒットした資料から情報源の手がかりを得て，より詳細な情報を得ることができています。個々の成分の詳細まで調べている点も丁寧でよいです。『和漢三才図会』は江戸時代の百科事典のようなものですが，江戸時代の薬草の図鑑である『本草図譜』などでも情報が得られると思います。

　ちなみに，『文学』17巻4号（2016年7・8月）は山東京伝の特集号です。「読書丸の効能」という論文が載っています。興味のある方はご覧ください。

台湾では，終戦の玉音放送はいつ流れた？

伊万里市民図書館　（2015 年 2 月，第 218 回）

　とある台湾映画を見て「台湾で玉音放送はいつ流れたのか？」と疑問に思い調査を依頼されました。

　いつ流れたのかよりも，まず最初に台湾でも玉音放送が流れたのか，という事実の確認から行いました。

　『資料で読む　世界の 8 月 15 日』(川島真・貴志俊彦／編　山川出版社　2008) の p.72 によると，「(略) 一九四五年八月十五日の玉音放送も日本の臣民としてそれを聴き，「敗戦」を体験した面があるということである。」とあります。台湾でも玉音放送があったのは事実のようです。それでは，いつ流れたのでしょうか？

　『台湾の歴史』(喜安幸夫／著　原書房　1997) p.145 に，「昭和二十年八月十五日正午，台湾でも終戦を告げる玉音放送が聞かれた。」とあり，正午に放送されたことがわかりました。

　そこでもう一つ疑問が出てきました。当時の台湾の正午は，日本の何時なのでしょうか？時差はあったのでしょうか？そこで日本標準時を調べることにしました。

　『日本大百科全書』(小学館) で確認すると，「日本においては八六年 (明治一九) 七月一二日勅令第五一号をもって『本初子午線経度計算方及標準時』が公布された。」ことがわかりました。それはどんな勅令だったのでしょうか。NDL の "日本法令索引" で「標準時」のキーワードで検索します。するとこの勅令の他に『標準時ニ関スル件』(明治 28 (1895) 年 12

月 28 日勅令 167 号）がヒットしました。台湾の標準時に関するものが含まれています。国立公文書館デジタルアーカイブによると，

第一条　帝国従来ノ標準時ハ自今之ヲ中央標準時ト称ス

第二条　東経百二十度ノ子午線ノ時ヲ以テ台湾及澎湖列島並ニ八重山及宮古列島ノ標準時ト定メ之ヲ西部標準時ト称ス

第三条　本令ハ明治二十九年一月一日ヨリ施行ス

とありました。

　この当時の台湾の標準時は，日本本土と違う西部標準時とよばれるものでした。しかし，昭和 12（1937）年 9 月 24 日にこれが改正されています。さらに"日本法令索引"で調べると，当時の勅令が掲載された官報を"国立国会図書館デジタルコレクション"から見ることができます。すると第二条は削除され，この改正で台湾でも同じ"中央標準時"を使っていたことが確認できました。玉音放送は台湾でも日本でも同日同時刻に放送された，ということになります。

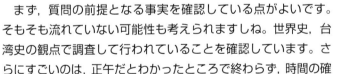

　まず，質問の前提となる事実を確認している点がよいです。そもそも流れていない可能性も考えられますしね。世界史，台湾史の観点で調査して行われていることを確認しています。さらにすごいのは，正午だとわかったところで終わらず，時間の確認をしている点です。

　なお，現行法令だけでなく，廃止された過去の法令も検索できる「日本法令索引」は便利なツールです。ぜひご活用ください。

神社の経営について知りたい!

飯能市立図書館 （2015 年 8 月，第 224 回）

　これはお電話でのレファレンスでした。「神社の経営が，100％賽銭や寄付で賄われているのか，それとも国などからお金を得ているのか気になった，知りたい」とのこと。質問者は目の不自由な方で，本を目で読むことができず，テープなどあったらなお良いとのご要望です。お急ぎではないということなので，一度電話を切らせていただき後日回答としました。神社ということで，175 の書架に行き神社関係の資料を確認しましたが，神社経営についての記載は見つけることができませんでした。基本に立ち返り百科事典を見てみますと，『世界大百科事典 14　改訂新版』（平凡社　2007 年）p.334「神社」の項目最後の段落に「第 2 次大戦のあと，神社はすべて国家もしくは自治体のいっさいの保護援助をも受けることを止められ，仏教の寺院やキリスト教の協会などと同じく一つの宗教団体として取り扱われるようになった。現在のところ全国の多くの神社を統合した神社本庁という組織が一つの宗教法人となって活動しており，少数の神社がそれに加わらず別の宗教法人となっている」の記載がありました。なお百科事典の項目執筆者名で当館の所蔵がないか検索しましたが，ありませんでした。百科事典の記載の中で「神社本庁」という記載があったので，インターネットで検索しました。

　神社本庁のウェブサイトによると，「神社本庁は昭和 21 年 2 月 3 日，全国の神社の総意によって設立されました。（中略）

そのため，当時民間の神社関係団体であった皇典講究所・
大日本神祇会・神宮奉斎会の3団体が相寄り，新たに「神社
本庁」を設けました。（後略）」との記載がありました。また
百科事典の記載により，神社も「宗教法人法」の影響を受け
ると考えられ，『六法全書　平成27年版　1』（井上正仁・山下
友信／編集代表　有斐閣　2015年）の「宗教法人法」そのものに
ついて確認しました。また「日本国憲法」も確認し，第20条
①の「（前略）いかなる宗教団体も，国から特権を受け，又は
政治上の権力を行使してはならない。」を改めて確認しました。
以上により「神社は，国家もしくは自治体のいっさいの保護
援助をも受けていないと考えられる」ことと，その内容に関
する録音資料を見つけることはできなかった旨をお伝えしま
した。

「基本に立ち返り」百科事典を引いてみた，という点がよいで
すね。百科事典は，その分野の専門家の方がコンパクトに解説
してくれており，基本的なことが手軽にわかります。どんな分
野にも対応しているので，調査のはじめに百科事典を見るとい
う習慣をつけておくとよいと思います。

　事例では，いわゆる「政教分離」の考え方から，国からの援助
はないはず，という答えを導き出しています。

　しかし神社には，日本の伝統を後世に伝える，歴史的な建造物
としての側面もあります。実は，重要文化財に指定されている
場合，神社仏閣であっても，修繕などのために，国から補助金を
交付することができます。また，宗教法人には一定の条件の下
に収益事業を営むことも認められています。ここまでイメージ
を膨らませられるとなおよかったと思います。

季語の数を知りたい

茨城県立図書館　（2015 年 9 月，第 225 回）

　「講演会で話す材料にしたい」ということで，俳句の季語の数が大体いくつくらいあるのか，研究者や専門家が書いている資料から調べてほしい，とご来館された利用者から調査の依頼がありました。

　まず始めに，当館で所蔵している俳句歳時記をいくつか調査してみましたが，歳時記によって掲載されている季語の数はばらばらであり，数の特定はできませんでした。

　次に，「リサーチナビ」（http://rnavi.ndl.go.jp/rnavi/　最終確認日：2015-07-01）を使用して「季語　数」で検索しましたが，該当資料を確認することはできませんでした。

　続いて，当館所蔵資料より，件名「俳句　辞典」で検索し，俳句や季語の辞典で調査をするとともに，件名「季語」で検索し，季語について書かれている資料をピックアップして調査することにしました。『現代俳句大事典』（稲畑汀子［ほか］／監修　三省堂　2005），『必携季語秀句用字用例辞典』（齋藤愼爾，阿久津末忠／編著　柏書房　1997），『日本人が大切にしてきた季節の言葉』（復本一郎／著　青春出版社　2007），『滅びゆく季語』（久保田至誠／著　飯塚書店　2011）など，複数の資料を確認いたしましたが，季語の数については時代や資料ごとに諸説があり，数の特定は出来ませんでした。

　研究者や専門家が書いている資料から調べてほしいとのことでしたので，「CiNii」（http://ci.nii.ac.jp/ja　最終確認日：2015-

07-01）を使用して，雑誌論文も調査することにいたしました。「季語　数」で検索したところ，季語データベース作成に関する論文中に，データベースに収容する季語の数について考察している記述を確認することができました。「季語データベースの構築と俳句の季語の自動判定の試み」（吉岡亮衛著『情報処理学会研究報告　人文科学とコンピュータ』2000（100）p.57-64　2000.10.27所収），「季語データベースの構築と俳句の季語の自動判定の試み（2）」（吉岡亮衛著『情報処理学会研究報告　人文科学とコンピュータ』2001（6）p.17-24　2001.1.19所収）の二つの論文で，いずれもオープンアクセスのため，PDFファイルで全文を読むことができました。季語を集めた複数の資料より共通の季語を取り出して，サンプルとして抽出した俳句の季語を特定することを試みており，季語の数における判定率のパーセンテージが記載されていました。

　本では情報が見つからなかったものの，論文に近い情報が見つかったという事例。雑誌は，本には載っていないようなマニアックな情報も載っている媒体です。そんなときは，この事例のように「CiNii Articles」を使って検索してみると，何かヒットするかもしれません。

　「CiNii Articles」のよいところは「本文が見られる論文もある」ということ。もしなかったとしても，事例にある『情報処理学会研究報告』のように，学協会のウェブサイトや，著者の所属機関の機関リポジトリで全文を閲覧できるものもあります。図書館で雑誌の所蔵がない場合でも，本文を見られる可能性があるので活用してみてください。

唱歌の「鯉のぼり」は片山頴太郎作か

東京藝術大学附属図書館　　（2016年5月，第233回）

　唱歌の「鯉のぼり」（歌いだし「甍の波と雲の波」）は東京音楽学校の教員だった片山頴太郎の作曲か，という電話で，思うところはあったのですが，即答を避けて調べてみることにしました。

　まず「鯉のぼり」の作曲者が片山頴太郎の可能性はあるのでしょうか。データベースの「童謡・唱歌索引」（国立音楽大学附属図書館）[1]で，「イラカノナミ」と歌いだしから検索すると，1件ヒットしました。詳細画面の「作曲者」に個人名はなく「文部省歌曲」です。この索引は「原本にあるがままを表記することを原則」としています。「収録資料請求記号」の最初を参照すると，国立音楽大学附属図書館OPACに遷移し，『尋常小学唱歌．第5学年用』が表示されるので，おそらくこれが初出でしょう。童謡・唱歌関係の書籍には，初出や原本確認が不十分なものがあるので注意が必要です。

　この原本（本館所蔵）を確認すると，作曲者表示がなく，大正2（1913）年の出版であることがわかります。この教科書は文部省著作で，個々の楽曲は文部省唱歌として知られ，小学唱歌教科書編纂委員会において合議制のもとに作成されました。だから個人名の表示はないのです。作曲担当の委員は東京音楽学校の教員で，委員の中に片山の名前はありません。その編纂過程は本館所蔵『小学唱歌教科書編纂日誌』[2]で伺い知ることができます。

また，片山は明治 27（1894）年の生まれで，出版当時は 19 歳です。『東京美術学校一覧』と同様の資料『東京音楽学校一覧』（東京音楽学校）3) によれば，大正 4（1915）年時は予科，大正 8（1919）年に本科器楽部を卒業していますから，東京音楽学校に入学もしていません。片山作曲の可能性はまずないと言えるでしょう。ちなみに，昭和に入って編纂される『新訂尋常小学唱歌』（文部省）では，先の『尋常小学唱歌』から「鯉のぼり」を含め大半の楽曲が引き継がれますが，新曲も作られました。このとき，片山は信時潔らと共に新曲を担当することになりますが，ここでも個人名は表示されませんでした。

　しかし，片山作曲の同名異曲はあるのかもしれません。サーチエンジンでどうもそれらしい曲があるのはわかりましたが，もう少し確かなデータが欲しいところです。そこで，JASRAC の「作品データベース検索サービス J-WID」4) を使ってみました。「権利者名」に「片山頴太郎」と入れて検索してみると，与田準一作詞，片山頴太郎作曲の「こいのぼり」がありました。

　この例では，片山が編纂に関わった『新訂尋常小学唱歌』に「鯉のぼり」が掲載されていたこと，片山作曲の「こいのぼり」が存在したことで，混乱が生じていたようです。

参考文献・サイト
1)　「童謡・唱歌索引」
　　https://www.lib.kunitachi.ac.jp/collection/shoka/shoka.aspx
2)　『東京芸術大学百年史 東京音楽学校篇 第二巻』（音楽之友社　2003）に全文の翻刻が掲載されている。
3)　『東京音楽学校一覧』は「国立国会図書館デジタルコレクション」で閲覧可能。https://dl.ndl.go.jp/
4)　「作品データベース検索サービス J-WID」

http://www2.jasrac.or.jp/eJwid/

　主題である音楽に関する知識と所属大学に関する知識を元に
レファレンスをしている事例。こういった知識をもっていれば，
調査がスムーズかつ的確に進められます。

　まず，鯉のぼりの歌の確認ということで，童謡・唱歌索引から
検索し，現物の教科書にあたっています。掲載されている個々
の楽曲が文部省唱歌なので，個人名の表示がありません。

　普通ならここで困るところだと思いますが，この教科書『尋常
小学唱歌』は文部省が東京音楽学校に編纂を依頼したものです。
大学史に載っている編纂日誌や，年代を考慮しながら大学関係
資料を見るとともに『新訂尋常小学唱歌』についても確認してい
ます。さらに，片山作曲の同名異曲までつきとめているところ
が非常に丁寧です。

居酒屋で出てくる「お通し」の意味は?
いつ頃からこの習慣が始まったのか

千葉市中央図書館 （2016 年 10 月，第 238 回）

　お酒が大好きだという 60 代の男性から頂きました。あるとき友人たちと居酒屋で会話をしていた際に，ふと，「お通し」について疑問に思ったそうです。友人たちとあれこれ話してみたものの，すっきりとした回答にいまひとつたどり着かず，図書館で調べてみようと思い立ったそうです。毎回当たり前のように食べているが，「お通し」にはどんな意味があるのか。また，いつ頃から始まったのか。お酒が好きで，居酒屋に行くことも多い私自身，気になってしまう内容でした。

　まず，「お通し」という概念を再確認する為に，基本的なレファレンスツールである『日本大百科全書 2 版』（小学館 1994 年）を調べてみました。それによれば，日本料理の最初に酒の肴として少量提供するものを「お通し」というそうです。また，関西圏では「突き出し」「先付け」とも言うそうです。なぜ「お通し」というものがあるのか，「お通し」がいつ頃から始まったのかについては触れられていませんでした。

　何か料理の由来がわかる資料はないだろうかと，「食品・料理」に関する参考図書の書架を眺めてみたところ，『日本料理由来事典 上』（川上行蔵，西村元三朗／監修 同朋舎出版 1990 年）という参考図書を見つけました。調べてみると，「料理屋などで，お客を席に通して注文を聞いてから，すぐに酒の肴として供する料理」のことであり，客の注文を帳場に通した

ということから，「お通し」と呼ばれていることがわかりました。酢物，和物，珍味類，塩辛などが使われ，あとに続く料理よりも軽く，酒の肴に適したものが出されるそうです。また，『世界の食語源×由来小事典』（ジャパンアート社　2001 年）によれば，料理屋で客を通して注文を受けた後に，すぐに酒の肴として提供する料理で，注文を通したという意味で，「お通し」という名称があるようです。

　では，「お通し」はいつ頃から始まったのでしょうか。レファレンスの過程で得た「居酒屋」「酒場」など，さまざまなキーワードで検索してみました。はっきりとした記述を見つけることはできませんでしたが，『居酒屋の誕生』（飯野亮一／著　筑摩書房　2014 年）によれば，「お通し制度」がいつから始まったかはっきりとはわからないが，比較的新しい制度で，1935（昭和 10）年頃から始まった制度ではないか，と推測されていました。

　大事なことなので何回も書きますが，百科事典でまず調べてみるというのは非常によい方法です。必要なことがきちんと載っており，これだけで十分な回答になるということも少なくありません。

　百科事典の次は，テーマの書架をブラウジングし，料理の由来事典を複数見ています。ブラウジングは関連する分野の本を一気に見ることができますし，検索ではうまくヒットしないときにもおすすめです。そして，調査過程で得たキーワードを使って検索し，居酒屋関係の本を見ています。このように，百科事典→テーマの事典→テーマに関する資料という順で調査をしていくのは王道の手順です。

ホイットマンの詩(2編)の日本語版を見たいです。何に掲載されているでしょうか?

明治大学中央図書館 （2016年11月, 第239回）

わかっているのは作者と詩編原タイトルのみでした。

① Recorders Ages Hence

② When I Heard the close of the day

まずは『作家名から引ける世界文学全集案内』(第一期) [1]，『世界文学全集・作家名綜覧　上』(西洋人編) [2] を作家名で参照しました。しかし，原タイトルでは記されていないために探している詩編の掲載があるかどうかわかりません。類似資料をあたるうち，『世界文学個人全集・内容綜覧　下　ナ～ワ』[3] p.792 に，『ウォルト・ホヰットマン全集 1』[4] の詩編目次（邦題）があり，①「後世の記録者達よ」②「その日の暮方，私が聞いた時」のようだということに行き当たりました。しかしこの全集は本学で所蔵していませんでした。

今度は，『世界文学詩歌全集・作家名綜覧　下　ト～ワ』[5] p.1535 に『世界名詩集大成 11』[6] p.84 に「後世の記録者達よ」とのタイトルで収録，との情報を見つけました。こちらは所蔵があったので，巻末の詩編目次によって原タイトルと照合することができました。

もう1編はさらに時間を要しましたが，結果的に，①も②も詩集『草の葉』の詩編で，本学に所蔵があった邦訳『草の葉　上』(岩波文庫　赤-309-1) [7] では，②「ぼくがその日の終わりに聞いたとき」となっていました。

得ていたタイトルに関連した情報が原タイトルのみで，また 19 世紀の古い作品だったので，どのような邦題で掲載されているか，特に調査の最初の段階ではまったく手さぐりだったのが苦労した点です。『翻訳図書目録』[8]に掲載されている程度に新しい作品だとか，邦題が一部分でもわかっているものだったら，もっと簡単だったと思うのですが，同じような調査でも得ている情報が少し違うと，かかる労力も全然違ってきます。意外なほどに苦労した調査でした。

参考文献・参照サイト

1)　『作家名から引ける世界文学全集案内』（第一期）日外アソシエーツ　1992
2)　『世界文学全集・作家名綜覧　上』（西洋人編）日外アソシエーツ　1986
3)　『世界文学個人全集・内容綜覧　下　ナ～ワ』日外アソシエーツ　1987
4)　『ウォルト・ホヰットマン全集 1』日本讀書購買利用組合　1946
5)　『世界文学詩歌全集・作家名綜覧　下　ト～ワ』日外アソシエーツ　2003
6)　『世界名詩集大成 11』平凡社　1959
7)　『草の葉　上』（岩波文庫　赤-309-1）岩波書店　1998
8)　『翻訳図書目録』日外アソシエーツ　1988

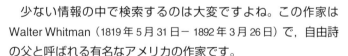

　少ない情報の中で検索するのは大変ですよね。この作家は Walter Whitman（1819 年 5 月 31 日－ 1892 年 3 月 26 日）で，自由詩の父と呼ばれる有名なアメリカの作家です。

　どんな人かわからない場合は，調査に入る前に，作家の名前（原綴），生没年，どこの国の人かくらいは調べましょう。有名な作

家なら資料も多そうで，全集も出ていそうだなという見当がつけられます。

　事例では作者がわかっているので，作家名から検索できる文学，詩関係のツールを複数使って調べています。

　ちなみに，②をどうやって見つけたのか気になったところ，レファレンス協同データベースに事例が掲載されており，詩集に直接あたって見つけたとありました。現物にあたらないと見つからないということもあるので，地道に見ていくことも大切なプロセスです。

3章 | インターネットを活用する

　今やスマートフォン一つで，さまざまな調べものをする時代です。Google 等の検索エンジンに思いついたキーワードを入力すれば，情報を手軽に得ることができます。

　レファレンスサービスでも官公庁の統計や機関リポジトリの論文，「国立国会図書館デジタルコレクション」のデジタル化資料をはじめ，インターネット上の情報を提供する機会は多いのではないでしょうか。また，調査の手がかりとしても非常に効果的な場面も多いはずです。

　しかし，ただやみくもに調べるのではなく，検索キーワードを工夫したり，各ウェブサイトの特徴を把握して使い分けることが大切です。加えて，情報の信頼性を見極める力も必要です。

　ここでは，インターネットを活用して効果的に検索した事例や，各機関が作成・公開しているツールを使って調査した事例等をご紹介します。

『八犬伝』の英訳を探している

国際基督教大学図書館 （2006 年 1 月，第 126 回）

　滝沢（曲亭）馬琴の『南総里見八犬伝』は江戸期の代表的大衆小説。英訳はすぐに見つかるだろうと高をくくっていたが，探してみるとどうやら英訳は存在していないことがわかった。キーワード：eight dogs hakkenden などを使ったり，著者名：Bakin でさまざまな書誌・データベース・サーチエンジンを使って検索したがヒットしなかった。"The Hakkenden: the Legend of Dog Warriors" というアニメ作品になっている事と，Donald Keene 著 "Anthology of Japanese Literature" の中でごく一部が英訳されている事がわかった。

　唯一，OCLC の提供する WorldCat で "Eight odd dogs and their tales." という本がアメリカの大学図書館に所蔵されていることがわかった。発行は 1883（明治 16）年。著者は Samuel Goodrich。注記欄に Being Peter Parley's annual for 1883 とある。Samuel Griswold Goodrich（1793-1869）は，アメリカの児童文学作家兼出版・編集者。Peter Parley のペンネームで当時知らぬものはいないほど著書が売れた。杖をついた銀髪の Peter Parley なる老紳士を語り部にした道徳主義短編児童文学は 100 タイトルを越し 1200 万冊以上を売り上げた。他にリーダー・世界史・世界地理の教科書も多数上梓してこれも爆発的に売れている。そのうち "Peter Parley's Universal History" は『パーレー万国史』として和訳され，日本でも広く読まれた。Peter Parley's annual について Google で調べるとオンラ

イン古書などでいくつか見つかった。どうやら年刊であるということと，長編物語の単行本であるということ，出版年は1841年から1892年という長いレンジにわたっているがGoodrich自身は1869年に他界しているので，彼の死後も続いた企画である事が判明した。件の"Eight odd dogs and their tales"は1883年のものだから，当然Goodrichは関わっていない。明治初期に新国家日本を支えるために招聘されたお雇い外国人の一人であるBasil Hall Chamberlainが『古事記』の英訳を出版したのが同じ年だが，彼が『八犬伝』に関わったという事実も発見できなかった。

　以下は後日談。このタイトルを持っているアメリカの大学図書館のウェブサイトに何度試みてもアクセスができない。なんと，先日のハリケーンによる水害で，サーバがダウンしていたのだ。おそらく図書館と所蔵資料も深刻な被害にあったに違いない。ニューオリンズ市のいち早い復旧を願う筆者の頭の中に，水没した"Eight odd dogs and their tales"のイメージがしばらくの間漂っていた。

　有名な作品なので，すぐ見つかるだろうという予想が外れた事例。洋書が豊富な大学図書館で所蔵していないとなると，出版されているかどうかが怪しいです。世界の図書館が所蔵する図書を検索することができる「WorldCat」で手がかりを得たものの，わからなかったという事例。

　現在調べてみたところ，Wikipediaの「南総里見八犬伝」（※英語版もあり）のリンクに2015年9月から英訳を開始したというサイトが載っていましたが，図書が出版されているかどうかわかりませんでした。

今学校で使われている教科書に対応した
教師用指導書を探してほしい

東京学芸大学附属図書館　（2006 年 3 月，第 128 回）

　教育実習を控えた学生さんからの質問。教科書・教師用指導書の最近約 3 改訂分は 1 階開架スペースに，それ以前のものは地下書庫に配架しています。1 階配架分は禁貸出扱いなので，館内で使用中である可能性が高く，しばらく待っていただくよう伝えました。ですが学生さんは焦っている様子。そもそも所蔵しているのか，不明になってはいないかを確認してほしいとのこと。当館所蔵の教科書や教師用指導書は「教育総合データベース」[1]で検索することができます。

　まず学生さんが手元に持っていた教科書を見せてもらいました。これは教科書の表紙，奥付のいずれかに印刷されている教科書記号・番号を確認するためです。一般に教科書のタイトルはこれといって特徴がなく，改訂ごとにタイトル変更が行われることも稀なので，タイトル情報だけではうまく検索できません。今回は東京書籍の中学校理科第一分野の現行教科書（『新しい科学　1 分野上』）で，教科書の記号・番号は「理一 − 701」でした。「教育総合データベース」の「教育資料検索画面」で"教科書記号・番号"に「理一 − 701」，"出版事項"に「東京書籍」と入力し，資料種別を「指導書・教師用資料」に指定して検索すると 6 件ヒット。うち 2 件は過去のもの[2]。どうやらこの教科書には 4 種類の指導資料があるようです。各書誌に表示された情報を使って調べたところ，現在のところ貸出中にも不明にもなっていないと確認できました。学生

さんに調査の結果を伝えたところ納得され，時間をおいて棚をご覧になるとのこと。とはいえ利用率の高い資料は不明になることも実は多い。こちらでも改めて書架の確認をしておこうと思いつつ，ひとまず一件落着としました。

　ちなみに調査時に教科書そのものを参照できない場合，文部科学省ホームページの教科書目録[3]を調べます。これは検定済教科書のリストで，科目ごとに教科書のタイトルや教科書番号・記号等を確認することができます。現行のものかどうかは，目録の最初の部分に明示されている使用年度で確認します。このほか窓口では，各教科書会社からどういった指導資料・付属資料が刊行されているのか知りたいという質問もお受けします。これについては『教師用指導書目録』（教科書協会［ほか］編・出版　年刊）をご案内しています。

注
1)　「教育総合データベース」※当館作教育関係ポータルサイト「E-TOPIA」に収録。
2)　教科書記号・番号は相当の年数を隔てた上で，重複して振られているようです。
3)　教科書目録（文部科学省のホームページ）※平成 13 年度分から提供されています。
　　https://www.mext.go.jp/a_menu/shotou/kyoukasho/mokuroku.htm

　タイトルでは特定が難しく，教科書の記号・番号で検索するということを踏まえ，効率的・効果的に検索しています。
【事例執筆館より】現在，当館所蔵の教科書や教師用指導書は当館 OPAC で検索可能であるため，本文中の「教育総合データベース」は提供終了しました。検索に用いる情報や要領は本文記載のものと変わりません。

記憶の糸をつかまえる

三重大学附属図書館　（2006 年 9 月，第 133 回）

　参考調査カウンターにて：「書店で本を注文しようとしたとき，書名などを書いたメモを無くしている事に気づいた。断片的な記憶はあるが…」

　まず，依頼者の方に覚えていることを羅列していただき，情報を整理してみました。

〈記憶に自信のある情報〉

　価格は 3,800 円／ 2006（平成 18）年 2 月 4 日に出版記念レセプション／"北海道家庭学校"と"成徳学校"について書かれている

〈記憶に自信のない情報〉

　著者は名前に"河"の字が付く女性で，東京の大学教員／出版年は 2006（平成 18）年の 2 月か 3 月／書名に"施設"と入っていたかもしれない／出版社名は"リバティ出版"だったと思う。

・この件では最初から Google を使った。"リバティ出版"は存在せず，類似名の出版社はあるものの該当しない。

・"紀伊国屋書店"の検索結果がヒット。

　書名：もうひとつの子どもの家（ホーム）―教護院から児童自立支援施設へ。著者：阿部　祥子／出版者：ドメス出版　出版年月：2005.7　本体価格：3,800 円（税込み：3,990 円）

・書誌（目次）情報から，ほぼこの結果で間違いないと思い，

確証をとることに。

　著者"阿部祥子"氏は2005（平成17）年2月4日"今和次郎賞受賞記念講演会"の演者であることが判明。これらの情報を依頼者に提示したところ「この結果で間違いがない」と，検索結果に満足していただけた。

　こちらのケースは約10分で解決し，依頼者は即，書店に向かわれました。

　現在は1台のインターネット接続パソコンがあれば，どんな規模の図書館でも，大規模図書館に負けないレファレンス業務をこなせるのではないでしょうか？　参考図書の少なさは，検索技術を磨くことで十分カバーできるかもしれません。

　カウンターでの質問も，相互貸借依頼においても，年々「一刻も早く結果・文献を入手したい」スピード勝負になった感があります。もちろんインターネットだけではなく冊子での調査をすることもありますが，どちらにせよ結果的に"信用できる情報"にたどり着ければ良いと割り切っています。私にとって一番大事なのは，図書館員の自己満足ではなく，依頼者の満足なのですから。

　人の記憶は実にあいまい。記憶に自信のある・ない記憶を聞き取ったところがポイントです。ただし，自信のある情報でも間違っているという場合も多々あるので，鵜呑みにしないことも大切です。あいまいな情報を元に調査する場合，この事例のようにインターネットで検索しながら情報の真偽を見定めていくと早期解決につながると思います。

遠路はるばる

(株)乃村工藝社情報資料室　(2007 年 6 月，第 140 回)

　8 月末の午後，「ただいま，受付に博覧会資料を閲覧したい
とおっしゃる方がお見えになられています」と受付から 1 本
の電話が入りました。約 1 万 5000 点所蔵している博覧会資
料は通常，キャビネットにしまい込んでいて全貌をすぐに見
ていただける状態にはなっていません。どんな博覧会の資料
をご覧になりたいのか確認したくて「お電話をかわってくだ
さい」と言ったところ，「どうも日本の方ではないみたいでお
話が…」という受付の返事でしたので「すぐに行きます」と
伝えました。受付に行き，お話を伺うと，韓国・釜山大学の
教授で，「イセイハクランカイの資料を見せてください」との
ことでした。なかなか意味が通じなかったので筆談になり，
教授が「衛生博覧会」と漢字で書いてくださったのでやっと
わかりました。資料室にご案内し，博覧会データベースで検
索，大正 4 年開催の「大阪衛生博覧会」，大正 6 年開催の「神
戸市衛生博覧会」，大正 8 年開催の「戦捷記念全国衛生博覧会」，
大正 14 年開催の「コドモの趣味と衛生博覧会」，大正 15 年開
催の「衛生大博覧会」の入場券や絵葉書の資料 20 点をご覧い
ただきました。筆談まじりでお話をお聞きすると，「日本で
衛生という概念がいつごろ庶民に根付いていったのか」とい
うことを調べられているとのことでした。上司にその旨を伝
えたところ，「現在，書店での購入はできないが『衛生』とい
う本を読んだことがあり，その本が教授のお役に立つのでは

ないか」との助言がありました。教授はぜひその本を入手したいとのこと，上司にお願いしてアマゾンで購入し，後日，釜山大学にお送りしました。資料を閲覧されるうちに，戦前朝鮮で開催された博覧会資料（41点）もあるとわかり，当日には名古屋に帰るご予定だったのを変更され，大阪に一泊し翌日も博覧会資料を閲覧に来られました。帰られる際「日本に着いてからインターネットで乃村工藝社の博覧会資料の存在を知り，突然訪ねてきたのですが，僕は幸せでした」とうれしいお言葉を頂戴しました。

乃村工藝社は，数多くの博覧会でパビリオンの展示や運営を手がけている会社です。資料室の資料のひとつである博覧会資料は博覧会研究家からの寄贈資料を元にしてできたコレクションです。インターネットでコレクションの情報を公開していることで，海外の方の目に留まり，来館につながりました。

一次資料が充実した専門機関ならではのレファレンスで，言葉の壁も筆談で乗り越え，丁寧な情報提供を行っています。本を購入して，利用者にお送りするという点は驚きました！

起源にまつわる質問は，明確な答えにたどり着くことが難しいケースが多いです。この事例のように，「たしかこの本に……」と記憶をたどってサラッと紹介できれば素敵なのですが，前提知識がなくてもできる基本的なアプローチとして，まずは辞書・事典を引くという方法があります。

特に，日本語の用法については，『日本国語大辞典』（小学館）の記述が信頼でき，参考になります。

簡潔な記述ですが，辞書や事典の情報を手がかりに，さらに根拠となる資料を探していくという手順がおすすめです。

県外の病院を探してほしい

高知県・高知市病院企業団立高知医療センター図書室

（2008 年 1 月，第 145 回）

　患者さんやご家族の方から，医療機関を探してほしいという依頼があります。当院は県内の医療機関の場合は院内に担当部署がありますので，そちらの相談窓口を紹介しています。このほかに県外の医療機関を探してほしいという依頼があります。医療機関を調べることのできる冊子体は『病院要覧』（医療施設政策研究会編，医学書院）が有名です。けれども 2003-2004 年版までで最新版が出版されていません。この他に全国を 6 ブロックに分けた『病院情報』（医事日報編集部編，医事日報）が発行されていますが，当図書室では所蔵していません。

　そこで検索はインターネットでということになります。インターネット上の情報を提供する場合は公的機関の提供情報をお渡しすることにしていますので，次の 3 機関を利用します。

　1.　全国自治体病院協議会　http://www.jmha.or.jp/

　2.　健康保険組合連合会　http://www.kenporen-hios.com

　3.　独立行政法人福祉医療機構　http://www.wam.go.jp/iryo/

1.　全国自治体病院協議会

　全国の自治体が開設した病院（都道府県立，市町村立など）が都道府県別や診療科別，集中治療管理室（ICU）や冠状動脈疾患集中治療管理室（CCU）などの特別医療室施設設備状況別，更に各学会の認定施設であるかが検索できます。ただし，国

立や医療法人，大学病院などは検索ができないので注意が必要です。

2. 健康保険組合連合会

「けんぽれん病院情報ほすぴたる！」というサービスでベッド数 20 床以上の保険医療機関の病院約 9,000 の情報を提供しています。

掲載情報は病院名・住所・診療科などの基本情報と，保険診療の中には適切な診療を行うため設備・機器・人員配置等の要件を充たし取得する施設基準があり，この施設基準情報から構成されています。この他に各病院が次の項目に情報を登録したオリジナル情報があります。

①疾患と診断・治療法（検査・治療・手術）に関する情報

②インフォームド・コンセント，セカンド・オピニオンの取り組み

③学会認定専門医に関する情報

④専門外来，短期滞在手術

⑤専門治療，得意分野など，病院からのお知らせ

これらのオリジナル情報を提供している病院は全体の 35% 程度の 3,195 病院です。

このサイトでは疾患名や先進医療，診療科，専門外来，学会認定専門医等でも検索ができます。ちなみに医療法では 19 床以下は診療所となり，ここでは情報提供されていません。

3. 独立行政法人福祉医療機構

ここには「WAM NET（ワムネット）」というサービスがあり，病院・診療所情報の検索ができます。ここも名称・所在地・診療科目の基本情報と病名・検査・治療・手術・高度先進医療など各施設の特色で探すことができます。

このサイトは病院だけでなく診療所と歯科診療所も検索できます。さらに全国の障害福祉サービス事業者の情報，高齢者福祉・児童福祉施設の情報が検索でき，行政資料も掲載されており便利です。

　今回の依頼は神戸の小児病院とのことでしたので，上記の三つのサイトで絞り込み検索をした結果と，さらに社団法人日本小児科学会のホームページへ行き，専門医研修施設一覧から近畿地方の一覧表をお見せしました。

　医療機関の情報については，厚生労働省が「医療機能情報提供制度」を施行しており，国内すべての病院と診療所さらに助産所を対象とし，病院については治療結果分析情報なども掲載するデータベースを提供することになりました。2008（平成20）年度中にインターネットで部分的運用開始し，2009（平成21）年度から完全運用開始するとのことです。

　病院や病気に関するインターネット情報は，いかに信頼性の高い情報を探すかというのが要だと思います。今回のようにそれぞれのウェブサイトの特徴，長所・短所を把握した上で調査したいところです。

　なお，事例の最後にある「2009（平成21）年度から完全運用開始する」というデータベースは，厚生労働省のウェブサイトに載っています。都道府県のリンクがあるので，レファレンスツールとして活用できます。

※「医療機能情報提供制度（医療情報ネット）について」
（https://www.mhlw.go.jp/stf/seisakunitsuite/bunya/kenkou_iryou/iryou/
teikyouseido/index.html）

セントパトリックスデイを控えて

米国海兵隊コミュニティーサービス部門ライブラリー
プロセッシングセンター 　（2008 年 3 月，第 147 回）

　セントパトリックスデイとは，カトリックの聖人を祭るお
祭りです。このお祭りの数日前，"セントパトリックスデイに，
アイルランドに関する映画を子供に見せたいのですが，何か
良い映画はありますか？"，希望は"小学生が楽しみながらア
イルランドの歴史や文化について学べる映画"とのこと。そ
こで，インターネットで作品情報を調べ，当館の OPAC を検
索するという手順で調査を始めました。

　"Movie for children, Irish"というキーワードを Google で
検索すると"Best Irish Movie"というタイトルで「Common
Sense Media」というサイトを見つけました。これは子供向け
のメディア情報サイトで，映画，音楽，テレビ番組等の作品
リストが適性年齢別に提示されています。それぞれの作品の
詳細や視聴者からのコメントなどが掲載され，年齢にあった
作品を探す目安となります。

　作品リストから利用者に選んでいただいた映画を OPAC
で検索してみると，当館が所蔵している映画が数本見つかり，
貸出することができました。

　ネットだけでは回答できないことも多いですが，このようによい
サイトが見つかることも。「Common Sense Media」には，本やア
プリのリストもあり，英語ですが便利なサイトだと思います。

日本製鉄室蘭製鉄所の 1941(昭和 16)年の所長名

(財)渋沢栄一記念財団 実業史研究情報センター
(現・(公財)渋沢栄一記念財団 情報資源センター)

(2008 年 6 月,第 149 回)

　渋沢栄一の三男正雄が日本製鉄八幡製鉄所の所長を務めていたので,同時期の室蘭製鉄所の所長と交流があったことから出てきた質問です。会社の組織内の人名などは各社社史に詳しく出ている場合が多いので,所蔵している社史に当たることにしました。

　日本製鉄は国策により,官営八幡製鉄所,輪西製鉄,釜石鉱山,富士製鋼,三菱製鉄,九州製鋼の合同体として 1934 年発足した会社です。戦後は過度経済力集中排除法の適用を受け,1950 年に解体し,八幡製鉄・富士製鉄・日鉄汽船・播磨耐火煉瓦の四つに分割されました。このうち八幡製鉄と富士製鉄は 1970 年に合併し新日本製鉄になったのはご存知のとおりです。

　『日本製鉄株式会社史:1934-1950』(日本製鉄株式会社史編集委員会,1959) には,会社設立から解体までの経緯が詳しく載っていますが,目次や表索引をみても所長名の情報は見つかりませんでした。

　そこで『室蘭製鉄所 50 年史』(富士製鉄株式会社室蘭製鉄所,1958) を見ることにしました。室蘭製鉄所の所属は北海道炭礦汽船(株)〜北海道製鉄(株)〜輪西製鉄(株)〜日本製鉄(株)〜富士製鉄(株)と変わっており,1941 年当時は日本製鉄(株)

輪西製鉄所でした。p328-329 掲載の「室蘭製鉄所所長および副所長一覧表」に「所長　進来　要　自昭和 15.12.26　至昭和 17.2.28」とあり、「進来　要（しんのき，かなめ）」と所長名を回答することができました。

　社史はこのように種々の情報の宝庫ですが、効果的な検索手段がないのが難点です。そこでセンターでは種々の社史の内容を横断的に検索できるように、「社史索引データベース」を構築しています。これは各社の社史の「目次」「索引」「年表」「資料編」のデータを集積しているもので、2011 年の公開を目指しています。入力作業の済んだ社史の概要は、「社史紹介」という名称で既に 300 タイトル近くをウェブに公開していますのでご利用ください。この「社史紹介」を書くことで社史の概要が担当者の頭に克明にインプットされ、強力な情報資源となっています。

―――――――――――――――――――――

　社史はレファレンスにとても有用な資料です。この事例のように昔の組織内人事を調べるときには欠かせません。その会社に関する詳細な情報をまとめて得ることができるため、人事情報に限らず活用の機会が多い資料です。業界史のレファレンスにも活用できます。会社のウェブサイトに沿革が載っているものもありますが、社史ほど詳しくない場合が多いという印象です。【事例執筆館より】本文で言及されているデータベースは、「渋沢社史データベース」（https://shashi.shibusawa.or.jp）として 2014 年に公開され、2020 年 3 月 18 日現在 1,594 冊の社史を収録しています。

「お〜いお茶」の俳句コンテストについて知りたい

三重県立図書館 （2011年12月，第187回）

　コンテストが誕生した経緯や，これまでの歩みなどがわかる資料はないかという質問でした。

　蔵書検索システムで検索をしたところ，この取り組みを企画した人物の著書『マーケティング・プロデューサー』（米内貞弘／著　誠文堂新光社　1993年）を所蔵していることがわかりました。この資料は有名企業の広告を手掛けてきた人物の広告論ですが，質問の俳句コンテストについても記述がありました。数ページではありますが，企画の経緯や反響について綴られています。企画者の人となりや発想を知る参考にしたいとのことで，この資料を貸出されましたが，さらに他の情報がないか探すことにしました。

　メーカーのホームページを見ると，トップページの中央に「今日の一句」として過去の受賞作品が掲載されています。リンク先である俳句大賞のページに移動してみたところ，1989年にこの企画を始めた理由や，部門の変遷，歴代のゲスト審査員，応募句数の推移などが紹介されています。「敗者復活審査」「在宅審査」のプロセスを経て受賞作が決まるという件もあり，なかなか面白いページです。質問者にこのページを紹介し，さらに，新聞や雑誌などでこの企画を取り上げたものがないか探すことになりました。

　蔵書検索システムで雑誌の特集記事を，また，国立国会図書館の雑誌記事索引を検索しましたが，いずれも商品開発や

販売戦略についての記事であり，俳句コンテストについての記事は見当たりません。新聞については，当館で利用できる複数の記事データベースで検索しました。一般紙の記事検索では，応募開始や受賞作発表の記事，受賞者の声，などがヒットしました。日経4紙の記事が探せるデータベース「日経テレコン21」では17件ほどがヒットし，開始当初から最近まで，コンスタントに取り上げられてきたことがわかります。それらの記事見出し一覧を質問者に伝え，ひとまず回答完了となりました。

　このような事例では，企業のホームページが最も効率よく情報を得られる媒体と思われます。が，広告の仕掛け人である米内氏の著書には，ホームページには書かれていないエピソードがあり，双方の情報を提供できたことが良かったと思います。

　今回の事例では，質問者にデータベースの有用性を実感していただくことになり，「娯楽としての読書以外でも図書館が使えることがわかった」という嬉しいお言葉をいただきました。

　インターネットが効果的だと思われるレファレンスです。この事例では，ネットに加え，図書や新聞の情報も提供しており，利用者の満足度も高まったのではないでしょうか。図書だけ，ネットだけ，というのではなく，いろいろな資料を見て，提供するよう心がけたいものです。

　なお，事例で紹介されている本は，三重県立図書館 OPAC でキーワード＜伊藤園＞で検索すると，ヒットします。

チーズには乳酸菌が含まれているか?

宮崎県立図書館 （2012年6月, 第192回）

　来館されたご高齢の方からの質問でした。チーズと乳酸菌?「乳酸菌」と言えば, ヨーグルトでしょう。そう思いながら, 調査を始めました。

　まずは「チーズ＆乳酸菌」のキーワードで蔵書検索しましたが, めぼしいヒットはありません。ネット検索すると, チーズは牛や羊などのミルクを乳酸菌で発酵させてつくることがわかりました。それならば, チーズに乳酸菌は含まれているはず。利用者の方と同じ気持ちで, 所蔵資料に戻り調査再開です。

　「チーズ」（分類：6481）,「乳酸菌」（分類：4658）と「食品・栄養」（分類：4985）の書架をブラウジング。「乳酸菌」と「食品・栄養」の資料が, 詳しく書かれていたので以下のとおり紹介しました。①『乳酸菌とビフィズス菌のサイエンス』（日本乳酸菌学会／編　京都大学学術出版会　2010年）②『乳酸菌 健康をまもる発酵食品の秘密』（小崎道雄／著　八坂書房　2009年）③『健康・栄養食品事典（機能性食品・特定保健用食品)』（漢方医薬新聞編集部／企・編　東洋医学舎　2008年）④『医療従事者のための〈完全版〉機能性食品ガイド　サプリメント』（吉川敏一, 辻智子／編　講談社　2004年）

　チーズの種類は世界に非常に多く,「700〜800はあるだろう」と紹介資料②に記載されています。原料であるミルクの違いはもちろん, 乳酸菌の種類で発酵温度や成熟期間など作

り方も変わり，様々な味のチーズができるのだそうです。また，乳酸菌という名の菌がいるのではなく，乳酸をつくる菌の「総称」を乳酸菌と言うそうで，紹介した資料にも発酵に使われる乳酸菌の分類や名前が詳しく記載されています。

　しかし，乳酸菌が「栄養成分」ではないためか，「チーズに乳酸菌が含まれている」との明記が見つからず，利用者の方に納得してもらえません。資料①には，チーズが「乳酸菌の生息場所」，資料④には乳酸菌が「発酵食品をつくる菌として古くから食べられてきた」との記載はあります。あとは表現の問題。再度インターネットで検索し，「一般社団法人全国発酵乳乳酸菌飲料協会　はっ酵乳，乳酸菌飲料公正取引協議会」HP にわかりやすい表現の論文を発見し，ご紹介しました。

　この他，データベース「JDream Ⅱ」などで，論文がいくつかヒットしてきましたが，今まで紹介した資料で納得いただけたようでしたので，ここで調査は終了しました。

　関連する NDC の分類の棚を見る（ブラウジングする）というのは定番の手法だと思います。この事例の場合，キーワードから広げて考えて「食品・栄養」の分類もイメージしたのがミソでしょうか。

　利用者に納得してもらえず，ネット検索に戻り，わかりやすい表現の資料にたどり着きました。わかりやすい資料がほしいときには，関連団体等のウェブサイトを見ることもあります。一般の方向けにわかりやすく解説されていることがあるからです。また，子ども向けの図書も簡単にまとまっていることが多く，チェックするとよい資料が見つかることが少なくありません。

東南アジアの中等教育の日本語教育事情を知りたい

独立行政法人国際交流基金日本語国際センター図書館

（2012 年 12 月号，第 196 回）

　「近々，東南アジアに中等教育段階の日本語教育の現状調査に行くので，事前に文献に目を通しておきたい」というリクエストへの対応を紹介する。

　基金では，各国・地域の日本語教育事情に関する文献情報を「日本語教育国・地域別情報　参考文献」のサイト (*1) で提供しているので，まずこれをチェックした。実はこのサイトに掲載されている文献情報の多くは当館が提供したものである。当館では資料の受入時に目次をチェックし，各国・地域の日本語教育事情が掲載されている場合は当該サイトの担当者に情報提供している。

　次に「CiNii Articles」（国立情報学研究所）と，「日本語研究・日本語教育文献データベース」（以下日本語研究 DB）（国立国語研究所）(*2) を調べた。「日本語研究 DB」は，収録件数はそれほど多くないが，雑誌・紀要の論文だけでなく，図書としての論文集に掲載されている個々の論文まで収録しているので，「CiNii Articles」にない文献も探すことができる。最後に，日本語教育事情と日本語教育関係の会議報告書類を配架している書架に行き，最近のものを現物でチェックした。

　収集した文献情報を国ごとにリストアップし，質問者が必要として選んだ文献のコピーを提供して，レファレンスは終了した。

参考情報
(1)　日本語教育国・地域別情報　参考文献
　　https://www.jpf.go.jp/j/project/japanese/survey/area/country/
(2)　日本語研究・日本語教育文献データベース
　　https://bibdb.ninjal.ac.jp/bunken/ja

　恥ずかしながら，事例で紹介されている「日本語教育国・地域別情報」も，「日本語研究・日本語教育文献データベース」というウェブサイトも両方知りませんでした。私の勉強も兼ねて，この2つのウェブサイトをご紹介します。

①「日本語教育国・地域別情報　参考文献」（国際交流基金）
　204か国・地域の日本語教育についての情報が，国・地域別にまとまっています。日本語教育の実施状況，教育制度と外国語教育，教科書，教師などの情報を見ることができます。
　情報源は，国際交流基金の海外拠点・派遣専門家に加え，各国・地域の日本国大使館・総領事館等の協力により収集したとのことです。
　そして，この事例の館が資料受入時に目次をチェックし，各国・地域の日本語教育事情が掲載されている場合は，このサイトに情報提供をしているそうです。すばらしいですね。

②「日本語研究・日本語教育文献データベース」（国立国語研究所）
　日本語学，日本語教育に関する研究文献のデータベースです。国立国語研究所が発行していた『国語年鑑』，『日本語教育年鑑』に掲載されている文献情報を元にしており，1950年から現在までの関係論文・図書について検索できます。
　データベースの収録範囲は大事です。それぞれのデータベースの特徴をちゃんと把握し，使い分ける必要があります。

日本の紅茶品種「べにふじ」について

農林水産研究情報総合センター　（2013年6月号，第200回）

　これはネパールで紅茶園を経営する方から英語で寄せられた問い合わせです。静岡県を訪れた際にとても素晴らしい「べにふじ」という品種のお茶に出会ったが，どういう来歴のお茶なのかわからないので教えてほしいという内容でした。また，こんな amazing なお茶が日本にあるなら台湾の高地栽培ウーロンの生産者も心配だろうという言葉が添えられていました。お茶を専門とする方からお褒めの言葉をいただいた「べにふじ」とはどんなお茶なのか，個人的にも興味を覚えながら調査を始めました。お茶といえば，その名も「野菜茶業研究所」という独立行政法人農業・食品産業技術総合研究機構傘下の研究所があります。情報総合センターでは，この研究所を含め，農林水産省が所管する独立行政法人や研究機関等の研究成果や，国内で毎年発行される農林水産関係の学術雑誌の書誌情報などを一度に検索できる統合検索ツールAgriKnowledge（アグリナレッジ）を公開しています。このサイトから検索すると，すぐに「品種解説シリーズ」（農林水産技術会議事務局発行）のうち『べにふじ』へたどりつくことができました。「品種解説シリーズ」は PDF ファイルがあり，AgriKnowledge 上で全文が閲覧可能です。この資料から，「べにふじ」は農林省茶業試験場（野菜茶業研究所の前身）で「べにほまれ」と「C19」の交配種として約30年間育成され，1960年に「茶農林22号」として品種登録されたことがわかりまし

た。また，母系である「べにほまれ」と同様に水色と滋味が濃厚で，独特の香気があり，かつ2倍の収量がある特性等の情報も，AgriKnowledgeのうち「農林認定品種データベース」に詳しく掲載されていました。残念ながらすべて日本語でしたが，URL情報をお伝えするとともに来歴等に関する部分を英訳して電子メールで返信しました。外国の方から過去の日本人研究者達の素晴らしい業績を教えていただいたような事例となりました。

私はこの「AgriKnowledge」というサイトを知りませんでした。農林水産系のレファレンスで困ったら，このサイトを見てみると手がかりが得られそうな気がします。

「AgriKnowledge」以外だと，オンラインデータベース「ルーラル電子図書館」がよいかと思いました。「ルーラル電子図書館」というのは，農山漁村文化協会が運営している日本の農業・農村・食文化等に関する幅広い情報を集録しているデータベースです。記事本文も見ることができ，こういう分野のレファレンスでは最初に使うツールです。ですが，実際に＜べにふじ＞で検索してみたところ，残念ながら質問に合致する記事は見つけられませんでした。

次に，そもそも紅茶に関する知識が乏しいので，とっかかりを得るため，Googleで＜べにふじ　紅茶＞等と調べます。このキーワードで調べると，「J-STAGE」で『茶業研究報告』1961巻17号に「紅茶用新登録品種『べにふじ』について」という論文が掲載されているとわかりました。この論文から手がかりを得て調査を進めていくと思います。有用なサイトを知らないと調査に回り道をすることになりますね。

「オレオレ詐欺」について，被害件数と金額，相談窓口を知りたい（全国と鳥取県）

鳥取県立図書館　（2013 年 7 月号，第 201 回）

　直接自分が被害にあったわけではないけれども，参考となる情報を探しているという方が来館されての問い合わせでした。

　まず，被害件数と金額について，全国の統計ということで，WEB 情報の「政府統計の総合窓口（e-Stat）」で「詐欺」のキーワードで調べると，「犯罪統計」がヒットしました。統計表を確認すると，「詐欺」の件数は出てきますが，それ以上の細かな数値はありませんでした。

　「犯罪統計」は警察庁の調査でしたので，警察庁の他の統計調査に詳しいものがないかと考え，警察庁のホームページから「統計」のページを探すと，「捜査活動に関する統計等」の中に「特殊詐欺の認知・検挙状況等について（平成 23 年・確定値）」という統計を見つけました。この統計表を開くと，「オレオレ詐欺」についての認知件数と被害額が掲載されていました。また，同じく「統計」のページの中にある「生活安全の確保に関する統計等」の中に，「平成 23 年の犯罪情勢」があり，上記と同様の統計が掲載されていました。

　その他に，最新の情報がないかと，Google で「オレオレ詐欺×統計」で検索すると，警察庁ホームページの「振り込め詐欺を始めとする特殊詐欺の被害状況」のページがヒットし，平成 24 年の統計を見ることができました。あとで警察庁の

ホームページを再度確認してみると，「お知らせ」の中の「振り込め詐欺撲滅に向けて」というページからたどることができるとわかりました。ホームページを見て探し出すことができなかったものが，サーチエンジンで見つかることがあるということも時々あります。

　鳥取県の統計は，鳥取県警のホームページの中の統計資料の中に，「振り込め詐欺（恐喝）事件の認知件数，被害金額の状況」として掲載されていて，すぐに見つかりました。

　相談窓口については，鳥取県消費生活センター，市町村の消費生活相談窓口，鳥取県警，日本司法支援センター（法テラス）などの相談窓口を紹介しました。

　あらためて，統計情報については，インターネットの情報が役に立つと感じた事例でした。

　オレオレ詐欺は「特殊詐欺」の一種。特殊詐欺には，オレオレ詐欺のほかに，有料サイト利用料などの「架空請求詐欺」，医療費や税金が戻ると偽る「還付金詐欺」などがあります。用語を知っておく，もしくは調べる前に定義を確認すると，検索の幅が広がるはずです。

　このような質問では，まず「統計」と思い浮かぶかどうか。思い浮かばなくても，＜オレオレ詐欺＞，＜件数＞などでネット検索すると，警察庁や県警のホームページがヒットするので，警察が調査しているんだなとつかめると思います。

　統計と言えば「e-Stat」ですが，このように調査実施機関のホームページを見るのも有効です。なお，被害額等は『犯罪白書』，相談窓口は『犯罪被害者白書』にも載っています。国の刊行物は基本的にネット上で閲覧できるので，チェックするとよいです。

北海道陸別町が日本一寒い町といわれているがそれはなぜですか

山形県立図書館 （2014年5月号，第209回）

　この相談は，実際に陸別町に出向く用事があるという方からのもので，事前に，その理由を知っておきたいからというものでした。

　なぜ日本一寒い町なのかについて，まず，陸別町が載っている地誌をあたりました。『郷土資料事典1　北海道』（ワークス編　ゼンリン　1998年）および『日本図誌大系　北海道・東北Ⅰ』（山口恵一郎ほか編集　朝倉書店　1980年）には気象に関する記述がなく，『日本地誌　第2巻　北海道』（青野壽郎尾留川正平責任編集　二宮書店　1981年）には，陸別の最寒月の最低気温は－21.1℃とあるのみです。次に，『世界大百科事典29』（平凡社　2007年改訂新版）と『日本大百科全書23』（小学館　1988年）を調べましたが，日本一寒い町に関する記載はありません。

　そこで，もしやと思い，地名辞典をあたりました。地名辞典には各地名の由来以外にも，その町の概況や地理，歴史などの説明がなされているからです。しかし，『角川日本地名大辞典　1　北海道　下巻』（角川日本地名大辞典編纂委員会編　角川書店　1987年）や『日本歴史地名大系　第1巻　北海道の地名』（平凡社　2003年）を調べてみても，冬季の気温の記載はあっても当該記述がありません。

　そうこうしているうちに，『北海道大百科事典　下巻』（北

海道新聞社　1981年）を見つけ，今度こそと期待しましたが，記載があったのは，典型的な大陸性気候であること，最も寒い小利別で氷点下38℃（1978年2月17日）を記録したことなどでした。

　しかし，ここで1978年に氷点下38℃を記録したことがわかったので，今度は新聞社・通信社の年鑑にあたり，さらに，「日本一寒い町」のまちづくりに着目して，『地域づくり』（地域活性化センター発行）や『月刊自治フォーラム』（自治研修協会発行）などの地方自治関係の雑誌にもあたりましたが手がかりはありませんでした。

　ここで，いったん資料に当たるのをやめ，インターネット検索を行うことにしました。このとき考えたのは，できれば陸別町関係者が直接その理由を述べている記事があればいいなあということでした。

　そこで最初に，陸別町のホームページを見ました。ここで，過去3年分の『広報りくべつ』や『第5期陸別町総合計画』を丹念に調べました。日本一寒いことをテーマにしたさまざまなイベントを行っていることはわかりましたが，なぜ日本一寒いのかに言及した記述は確認できませんでした。

　そこで，インターネット検索：Googleで，「陸別町」に関するキーワードを考えられるだけ変えてキーワード検索を繰り返しました。しかし，期待した成果が得られずほとんどあきらめかけていたとき，独立行政法人国立環境研究所の『地球環境研究センターニュース』2009年（平成21年）1月号にヒットしたのです。

　この雑誌の5ページに「大気環境観測の拠点陸別から篤い想いをこめて」と題する陸別町副町長の記事が掲載されてお

り，そこには，「寒さを表現する指標は何通りかあります。陸別の真冬（1月・2月）の日最低気温の平均温度は約－20度です。『日本で一番寒い町陸別』はこの数値に基づくものです」とありました。また，陸別は盆地で，日の出時に放射冷却現象で急速に気温が低下するが，冬期間の9割は快晴・無風で雪も少なく，日中は気温も上昇するため，道内の他地域に比べて穏やかで過ごしやすいとも述べていました。

　ここでようやく，日本で一番寒い町の根拠を直接，陸別町の関係者（副町長）が記述する資料に見ることができました。

　今回は最初に蔵書を探していたものの見当たらず，インターネットで情報を見つけ出した事例です。

　私が担当者だったら，まず利用者に「陸別町が日本一寒いという情報をどこで知ったのか」を聞きます。もしテレビだったら，ネットに載っている可能性が高いと推測できるなど，検索の手順が変わってくると思うからです。もし情報源を聞き損ねたとしても，調査のとっかかりを得るために，やはりネットで検索し，参考図書類という順番で調べるでしょうか。

　また，新聞記事のデータベースも確認すると思います。「日本一〇〇」というような情報は，新聞記事になっていそうな気がするからです。全国紙のデータベースを契約していれば，地域版も閲覧することが可能です。

　ちなみに現在Googleで検索してみると，陸別町は日本一寒い町というウェブサイトが多数ヒットします。この事例が掲載された2014年より後に登場した記事が多かったです。

日本国憲法のアラビア語訳を入手したい

日本貿易振興機構アジア経済研究所図書館

（2015 年 4 月号，第 220 回）

　中東はどちらかといえば論文作成のための資料や統計データに関する問い合わせが多く，また大きな事件が起きたときにその関連の問い合わせが来る傾向がある。例えば，イラクのフセイン政権が崩壊した後には，イラクの新聞やバアス党の機関紙である『革命（アッ・サウラ）』紙（政権崩壊直前の 2003 年 3 月まで所蔵）に関する問い合わせがあった。

　最近のちょっと異色なレファレンスとしては，「日本国憲法 9 条のアラビア語訳を入手したい」というものがあった。憲法 9 条の各国語訳リーフレットを作成するためとのこと。現地の法律に関する問い合わせは時々あるが，日本の法律のアラビア語訳についての問い合わせは初めてであった。まずは当館所蔵のアラビア語資料で，日本と中東との関係を扱ったもの，および日本の近代化と中東の近代化を比較しつつ論じたものなどをいくつかみてみた。憲法 1〜8 条における天皇の位置づけについて解説しているものはあったが，憲法 9 条のテキストまでは載っていない。そこで，アラビア語で「憲法　日本」と入力して Google 検索してみると，2 件該当するものがヒットした。1 件は「alarabnews.com」に掲載されている憲法全文の翻訳で，翻訳は 2011 年とある。あれこれ他のページも見てみたが，どういう経緯でこのニュースサイトに憲法の訳が掲載されたのかは不明であった。もう 1 件は「自

由のプラットフォーム（Minbar al-Hurrīyah）」というプロジェクトのサイトで，その中の「憲法比較センター（Markaz al-Dasātīr al-Muqāranah）」というページで，さまざまな国の憲法のアラビア語訳を掲載し，それらの比較，考察を行っている。日本国憲法は，「世界の憲法」のページにアメリカ，カナダ，ベルギー，チェコ，韓国とともに掲載されていた。この二つの訳を比べてみると，単にアラビア語の表現の違いでは済まされない相違がある。どちらが正しい訳なのかと，日本語の憲法や，公式の英訳（官邸ウェブサイトに掲載有）を参照してみると，序文や9条の書き出しから考えて，前者は日本語の憲法，後者は公式の英訳からアラビア語に訳していることがわかった。質問者には，いくつかのバージョンがあること，およびその内容を伝えられたので，一応の役割は果たせたのではないかと考えている。レファレンスは時間も手間もかかるが，そのたびに新たな発見があり，地域専門のライブラリアンとして鍛えられるには格好の業務であると再認識させられた事例であった。

　さすが専門図書館という事例です。検索キーワードもアラビア語での検索。Google 翻訳等の翻訳ツールを使えば，語学力がいまいちでも何とか検索できるときもあります。ヒットした結果が読めない可能性大ですが……。

　今回の事例では，いくつかのバージョンがあり，アラビア語訳の元もきちんとたどっている点がよいです。答えが一つでないとき，何が違うのかという点を伝えてもらえると利用者にとってはありがたいですよね。

ヒンディー語の辞書が欲しい!

東京外国語大学附属図書館 （2016 年 2 月号，第 230 回）

　主に一般の方から繰り返し寄せられるレファレンスの対象が辞書である。語学学習のための良い辞書とその入手先，あるいは単語の意味や発音，語源を知りたいといったものである。

　最近の事例は，インドの公用語の一つであるヒンディー語の辞書を紹介してほしいというものだった。ひとくちに「辞書」といってもレベルはさまざまあるが，質問者の要望は語彙集レベルではなく，本格的にヒンディー語を学ぶための「ヒンディー語＝日本語」または「ヒンディー語＝英語」の辞書を手に入れたいというものだった。

　辞書に関しては，当館では「学生のための基本文献ガイド（TUFS−ビブリオ）」として，本学 27 専攻語の「辞書案内」をホームページに公開している。教員の協力を得て 2010 年から 2011 年に作成したもので，言語ごとにお薦めの辞書やその特徴などをまとめている。ヒンディー語については，「ヒンディー語＝日本語」及び「ヒンディー語＝英語」双方の辞書情報を掲載しているため，これを案内することが適切と判断した。

　まず質問者に「ヒンディー語辞書案内」を示し，追加情報として，紹介されている辞書の中で本学の学生がよく使っているものが『ヒンディー語＝日本語辞典』（古賀勝郎・高橋明編，大修館書店，2006）であることを案内した。また，現物を見比べられるように当館が所蔵するものを案内し，所蔵がないも

のについては「CiNii Books」で所蔵館を検索できることを説明した。

　辞書の価格と入手可否は自身でウェブ書店を調査するとのことだったので，絶版や高額である場合は古書店も調査対象にしたほうがよいことと，確認できないものがあれば再度相談して欲しい旨を伝えてレファレンスを終了した。

　「辞書案内」では，メジャーな欧米諸言語だけでなく，日頃馴染みの薄い言語も紹介している。辞書に関する質問を受けたり，選書を行う際の参考にしていただければ幸いである。

学生のための基本文献ガイド「TUFS−ビブリオ」　東京外国語大学附属図書館

（http://www.tufs.ac.jp/common/library/guide/biblio/tufsbiblio.html）

　私が似たレファレンスを受けたときも，今回の事例のように，利用者がどのようなレベルの辞書を求めているのか確認します。レベル感を確認した上で，自館の資料を紹介してみるほか，外国語大学図書館の蔵書検索を使って調べたり，紹介されているような解説ページがあればチェックしています。

　というのは，こういったレファレンスでは，利用者にその辞書の評価基準を提示する必要があるからです。その際，外国語大学のウェブサイトの情報というのは，評価の信頼性が高い情報源だと思います。p.112〜113の教科書のレファレンスと同様ですが，その分野の専門的な学部がある大学図書館のホームページを見ると，何かしらの手がかりを得ることができるかもしれません。

　ほかにも，改訂回数をチェックするのもよいと思います。改訂回数が多いということは，ロングセラーであり，定評のある資料と判断することができます。

4章 助けを求める

　図書館では，日々いろいろな質問が寄せられます。いかに幅広いジャンルか，この本を見れば実感いただけると思います。

　レファレンスは何を聞かれるかわかりません。自分が苦手な分野の質問も多くあることでしょう。また，質問の回答となる資料を所蔵しておらず，自館だけでは調べきれない・対応しきれないものもあります。図書館では回答できず，専門機関等でないと対応できないものもあるでしょう。

　そんなときは，一人で抱え込まず，まわりの職員に助けを求めてみてください。もし一人職場の方でも，他の館の方を頼って電話などしてみてください。きっと助けてくれるはずです。

　ここでは，助けを求めた側・求められた側の両方の事例を載せています。また，連携・協力先等の協力を得たものや，担当者個人のツテを活用した事例も挙げています。

はやくめをだせ柿のたね

福岡県・那珂川町図書館(現・那珂川市図書館)

(2006 年 4 月，第 129 回)

　「こどものころに読んだ"さるかに合戦"には柿のたねを植えたかにが，はやくめをだせ柿のたね，ださぬとはさみでちょんぎるぞと歌う場面があった。その場面が描かれている絵本が読みたい」との問い合わせです。所蔵している資料の中では名作バイリンガル絵本 5『まんが日本むかしばなし』(講談社　1998 年) に収録されている"さるかに合戦"に質問のフレーズが入っていました。しかし質問者の希望は絵本のため，福岡県立図書館に該当の資料があるかどうかのレファレンスと相互貸借の相談をしました。所蔵資料を検索していただき『さるかに』(すばる書房　1979 年)，『猿蟹合戦』(講談社2001 年) など数冊見つかったとのことでした。次にさるかに合戦に関する資料を検索すると，このフレーズは歌であることがわかり，童謡・唱歌を探してみたところ「さるかに」(石原和三郎作詞・能所弁次郎作曲)という唱歌が見つかったこと(出典:『日本唱歌全集』音楽之友社　1972 年)，また尋常小学読本にも似たような唱えごとが載っていること，全国の昔話に同種のものがあることなど詳細な回答をいただき，質問者には希望の資料と印象深かったフレーズについての調査結果をお渡しすることができました。

　県立図書館の協力により，詳細な回答が提供できた事例です。

赤城和彦「河上肇の横顔」を探せ!!

近畿大学中央図書館　　（2006 年 6 月，第 130 回）

　依頼者が持参した手書きの"メモ"には，"赤城和彦「河上肇の横顔」（上・下）『教養』第 1 巻第 2～3 号（昭和 21 年 4～5月）"とあった。国内雑誌のようであるし，掲載誌の情報も記されている。所蔵館はすぐに見つかるだろうと思った。ところが，NII「Webcat」，国立国会図書館「NDL-OPAC」で検索しても該当するものがヒットしなかった。こういう場合，利用者からの情報に何らかの誤りがある場合も考えられる。この文献の情報源についてレファレンスインタビューを試みた。しかし，担当教員からの依頼なのでわからないという返事。そこで時間をもらって詳細に調べてみることにした。スタッフにも依頼内容を伝え，共同調査を開始した。

　まず河上肇に関する個人書誌がないかと OPAC で検索してみた。『河上肇博士文献志』を見つけたが貸出中であった（もしかして情報源はこの本かもしれない）。スタッフのひとりが『河上肇自叙伝』の人名索引から「赤城和彦（住谷悦治の筆名）」との情報を見つけてくれた。この「筆名」（ペンネーム）の情報から「住谷悦治」のキーワードでも調査する必要性が判明した。

　ローテーションで交代していくスタッフを総動員しながら，文献情報の確認とともに所蔵館の調査を進めていった。当時の『出版年鑑』から，『教養』が「健文社」という出版社から刊行されたことがわかった。スタッフが「ゆにかねっと」や「Jump to Library!」のリンクをたどりながら全国各図書館の

OPACで検索していった。熊本県立図書館，香川県立図書館に同誌の創刊号のみが所蔵されていた。そして，群馬県立図書館の所蔵コレクション「住谷文庫」に住谷悦治氏の蔵書が収蔵されているという有力情報を得た。同館に問い合わせさせていただいたところ，1巻3号に「河上肇博士の横顔」（下）が掲載されていたが，1巻2号は所蔵していないとのことだった。この時点で正確なタイトルが判明した。残るは「河上肇博士の横顔」（上）のみである。

　引き続きみんなで所蔵館を探し続けたが，難航した。行き詰まり，何か打開策はないかと書架を探していくうち，『占領軍検閲雑誌目録・解題』に目が止まった。これは，米国メリーランド大学に所蔵されている，占領期の日本においてGHQによる検閲を受け，押収された雑誌の目録である。この所蔵コレクションは「プランゲ文庫」と呼ばれている。依頼のメモにあった昭和21年は，まさに占領期ではないか。この目録を確認すると『教養』は，記載されていた。

　しかし，この目録には検閲を受けた巻号（1巻4号）しか記されていなかった。そこで『メリーランド大学図書館所蔵ゴードン・W・プランゲ文庫雑誌目録』を確認した。これに"『教養』（健文社）1巻2号（1946年4月）〜1巻4号（1946年7月）以後廃刊"とあった。「プランゲ文庫」は，国立国会図書館とメリーランド大学の共同プロジェクトによってマイクロ化され，そのマイクロ資料は国立国会図書館にも所蔵されていた。その後，現在では「占領期雑誌記事情報データベース」が公開され，「プランゲ文庫」の雑誌記事索引データベースが利用できるようになっている。この情報もスタッフが見つけてくれたものである。また，「プランゲ文庫雑誌・新聞目録」も「国

立国会図書館デジタルアーカイブポータル」で検索できるようになった。

スタッフが協力して解決した事例ですが，調査手法についても非常に参考になる事例です。

事例では質問者からの書誌情報が違うかもしれない，ということで改めて書誌情報の調査をしています。まず，個人書誌を確認していますね。その人物についてまとめられた本があれば，調査は効率的に進みますし，非常に有効な手段です。出版社については当時の出版年鑑で確認の上，所蔵館を調査し，コレクションを有する県立図書館に問い合わせ，正確な記事名が判明しましたが，あともう一歩。

そこで，出版された年代が昭和 21 年 4〜5 月ということから，プランゲ文庫が思い浮かんだのはさすがです。思い浮かぶには背景となる知識が必要ですが，意識していればレファレンスを通して身につけることができます。

なお，事例で紹介されているインターネット上のツール類ですが，「ゆにかねっと」は「国立国会図書館サーチ」に統合，「Jump to Library!」は現存せず，「国立国会図書館デジタルアーカイブポータル」は「国立国会図書館デジタルコレクション」に統合されるなど，現在は使えなくなったものや，名称が変わったものなどが多数あります。インターネット上の情報源はインターフェースが突如変わったり，統合されたり……と変化が激しいので，変化に対応できるよう常にチェックしておきましょう。

明治時代の雑誌を見たいと思ったときに 頼りになる図書館は?

経団連レファレンスライブラリー　（2006 年 10 月，第 134 回）

　会員企業の B 部長からの質問。これは相当アバウトな質問である。そもそも，どんなジャンルの雑誌かによって紹介する図書館が違ってくる。ニーズを絞り込むため，とりあえず「全般的なものなら，もちろん国立国会図書館。週刊誌・総合誌・女性誌等なら「大宅壮一文庫」。経済関係の専門図書館では古いものをどんどん除籍していますからほとんど期待できませんが，強いていえば 100 年以上の歴史を有する「銀行図書館」。あとは大学，特に東大の図書館でしょう」と，各図書館の特長，所在地，所蔵雑誌の検索の仕方，OPAC の URL，開館時間等を添えてメールで回答した。

　ところが，お礼を兼ねて返ってきたメールには「明治 41 年発行の『東洋文芸雑誌』に池田菊苗博士が啓発された記事があったと味の素の社史にあるので，現物にあたってみたい」とある。探しているのは特定の雑誌なのだ。「うまみを発見・発明した池田菊苗博士は東大教授だったから，東大の図書館を利用していたはず」と同館の所蔵雑誌を調べるうちに，誌名は『東洋學藝雑誌』が正しいことがわかったので，その旨伝えておいた。

　2〜3 週間後，たまたま B 部長に会ったところ「東大や国会図書館に出向いて雑誌のマイクロ版も見てみましたが，わかりませんでした。記事が載っているのは確かだと思うんです

がね」と言う。よくよく聞いてみると,「池田博士は明治40
(1907) 年にうまみの研究をいったん中止したが,翌年,『東洋
學藝雜誌』に載っていた「うまみが消化を助ける」という内
容の三宅秀氏の論文に触発されて実験を再開,味の素を創製
したという。その三宅論文を見たい」というのである。「な
ぜそれを最初に言わないのですか! 調査のアプローチが大
きく違ってくるのですよ」と言いたい気分。

　当館では調べる術がないし,経団連職員からのリクエスト
であればともかく,他社のために外部機関にでかける余裕も
ない。国会図書館の友人 M さんに E メールを送って協力を
お願いした。M さんは『東京大学法学部付属明治新聞雑誌文
庫所蔵雑誌目次総覧』第3編（総合編）に『東洋學藝雜誌』の
毎号の目次が収録されており,著者名索引から調べたが,探
索対象の年代（明治40年〜41年）には該当論文はなかった。
しかし,他の年代も見てみたところ,239号（明治34年8月）
に三宅秀著「腐敗ノ話」があり,その中に「…或醗酵サセテ
鰹節ニ旨イ味ヲ出スノデアルカ,私共ソコマデ研究シナイガ
兎ニ角鰹節ハ味ヲ良クスル為ニ…」とあった。また,『太陽』
第4巻（明治31年）8号と10号に「嗜好品の応用について」
があったという。発行時期は大分違うが,とりあえず両論文
をマイクロから複写してもらい,B部長に郵送した。しかし,
「これではない」。

　B部長にさらに説明を求めたところ,池田博士自身が「翌
41年に至り東洋學藝雜誌上に於いて三宅秀博士の論文を読
みたるに佳味が食物の消化を促進することを説けるに逢へり。
余も亦元来我国民の栄養不良なるを憂慮せる一人にして如何
に之を矯救すべきかに就て思をいたしたることひさしかりが

終に此の文を読むに及んで佳良にして廉価なる調味料を造り出し滋養に富める粗食を美味ならしむることも亦此の目的を達する一方案なるに想到し，前年来中止せる研究を再び開始する決意を為せり」と書き残しているという。

　ならばと，私とMさんはしゃかりきになって再挑戦した。Mさんは『東洋學藝雜誌』のマイクロ版を雑報，学会報告のような短編記事まで，丁寧に見てくれたが見つからない。「他の雑誌かも」と，インターネットに搭載されている晧星社の著者索引を検索して，『明治・大正・昭和前期雑誌記事索引集成』の索引と『日本資源文献目録』1880－1950（総理府資源調査会）から三宅秀の著作論文を探して該当誌にあたったり，探索の対象を雑誌論文から三宅秀と池田菊苗の伝記類にも拡大したが，やっぱり無い。

　ところが，私たちが探している三宅論文の存在を疑問視する記述が『化学者池田菊苗：漱石・旨味・ドイツ』（廣田鋼蔵著，東京化学同人，1994）にあった。「エーッ」と驚く私に，古い文献にも詳しいMさんは「明治時代は今ほど雑誌のタイトルも多くないのに，引用文献を間違えたり，誤字脱字が多かったり，決定的な誤りが少なくなかったのよ」と言う。結局，「池田博士の勘違いだったのかも」との結論に達し，B部長の了解も得て，本調査を"終了"した。

　非常に骨の折れる事例。存在しないことの証明は難しいですね。人脈も駆使して徹底的に調査しています。他館の仲間と協力して調べることで，自館ではできないレベルの調査ができています。王道と言える調査戦略で，どんな質問にも応用可能です。

無農薬栽培で JAS の認定を受けたいが，どうしたらよいか?

小山市立中央図書館 （2008 年 7 月，第 150 回）

　直売所に出荷している農家の人からの問い合わせで，有機無農薬栽培をして差別化して販売したいが，そのための JAS の認証を受けたいという相談でした。しかし，JAS の認証を取るのは非常に厳しく，近くの農家で農薬を使用しているために認められないなどの基準もあるようで，どうしたらよいかというものでした。所蔵資料の『新食品表示制度　改正 JAS 法』（吉田利宏／著　一橋出版）等や農林水産省のホームページで，「有機農産物の日本農林規格」はわかりましたが，実際の認定の詳細などについては，相談員に対応してもらいました。やはり，JAS の認定は非常に厳しく，現状では，取得は難しいようでした。そこで，代案として，「とちぎの特別栽培農産物（愛称：リンク・ティ）」の認証を受けることを検討してはどうかという提案がなされました。これは，化学合成農薬や化学肥料の使用量を県慣行（通常に栽培する場合）の半分以下に減らした農産物を「とちぎの特別栽培農産物」として栃木県が認証するという制度でした。

　この件は，JA が引き継ぎ，再度自宅へ担当者が説明にいくということになりました。図書館を通して，専門機関への橋渡しができた好例と言えると思います。

小山市立中央図書館といえば農業支援，小山市の図書館ならではの課題解決支援サービスです。レファレンスサービスでは，図書館の本や雑誌，インターネット情報等を活用して，利用者からの質問に対し情報提供をしますが，それだけでは対応しきれないものもあります。そんなとき図書館が専門家や専門機関へとつなぐことで，利用者の課題解決を図ることができます。この事例はまさにレフェラルサービスのお手本と言える事例です。

　このように専門家等を紹介するには，普段からつながりをつくることが大切です。小山市立中央図書館の農業支援サービスは，市農政課，栃木県下都賀農業振興事務所，JA 等関係機関と連携・タイアップして実施されています。ここまでできると理想的ですが，まずは近隣にどういう関係機関があるかを把握し，可能であれば挨拶にうかがうなど，地道なことを継続して行うことが大切だと思います。

ロシアの山葵（ワサビ）はどんな味?

大阪府立大学学術情報センター　（2009 年 1 月，第 154 回）

　教員から『Bull. Acad. Imp. Sci. Saint-Petersbourg』17 巻 1873 年　p.28 の「Eutrema Wasabi」について書かれた部分の複写を依頼されました。Wasabi は，お鮨に入っているあの「ワサビ」です。略誌名しかわかっていないため，まず NACSIS-CAT で略誌名で検索してみましたが，ヒットしません。申し込まれた先生にも確認しましたが，先生も完全誌名がわからず，ずっと探しているのだが見つからなくて，困っているとのことでした。ここから，ワサビを求めて野に山に…ならぬ，「Wasabi」を求めて右往左往の日々が始まりました。

　何か書誌事項の手がかりはないかと Google で「Bull. Acad. Imp. Sci. Saint-Petersbourg」「Eutrema Wasabi」を掛け合わせて検索してみました。すると，『Flora of China』8 巻 p.117 に「7. Eutrema wasabi（Siebold）Maximowicz, Bull. Acad. Imp. Sci. Saint-Petersbourg, ser. 3. 17: 283. 1873.」という記述が見つかりました。その後，Google 検索の試行錯誤の結果，完全誌名は『Bulletin de l'Académie des sciences de Saint-Pétersbourg』であろうと推測。書誌情報は Google で何件かヒットして，その雑誌が存在するらしいことはわかるのですが，所蔵情報は見つかりません。推測した完全誌名で NACSIS-CAT，国立国会図書館，JST（科学技術振興機構），British Library，WorldCat の所蔵検索をしたのですが，ヒットしません。これ以上は手の打ちようがないと思い，国立国会図書館にレファレンスを依頼しました。

その後，国立国会図書館から回答をいただき，完全誌名は『Bulletin de l'Académie impériale des sciences de St. - Pétersbourg.』で，名古屋大学に所蔵されていることがわかり，照会したところ，18巻に収録されているが資料状態が悪いため複写禁止資料であるとの情報をいただきました。複写可能な資料がないか，再度完全誌名でNACSIS-CATを検索すると復刻版らしい資料が見つかり，所蔵館の大阪府立中央図書館に現物を確認していただいたところ，『Diagnoses breves plantarum novarum Japonicae et Mandshuriae I-XX et Diagnoses plantarum novarum asiaticarum I-VIII』（Repr. fr. Bulletin de l'Académie impériale des sciences de St.-Pétersbourg. Tom.10-12, 15-20, 22-24, 26-27, 29, 31-32）のp.123にEutrema wasabiが記載されており，複写も可能とのことでした。また原本は，British Libraryで所蔵していることも確認できました。先生は原本をご希望とのことで，British Libraryに依頼し，ようやく「wasabi」文献を入手しました。

特定の文献を入手したいというレファレンス。参考文献の書誌情報はわかりにくかったり間違ったりしていることもあり，苦戦することも多いです。参考文献だから正しいはず！と思いがちですが，ヒットしないときはタイトルだけ，著者名だけなどと分割して検索してみるといいかもしれません。

この文献は，現在ではBiodiversity Heritage Library（https://www.biodiversitylibrary.org　生物多様性遺産図書館）のサイトで全文を見ることができます。Googleで検索してみてください。

福祉職の給料表のようなものはないか?

福井県立図書館 （2009年5月, 第158回）

　福祉職の給与が低く, 慢性的に人手不足だとのニュースを見て, 関心を寄せた方が, では福祉職の給与はどのくらいなのか, と調べにいらっしゃいました。

　まずカウンターで対応した職員は, 自館OPACを「給料」をキーワードに検索し, ヒットした資料『職業別・会社別・業界別ダイヤモンド給料データブック』（ダイヤモンド社　2008）を提供しつつ, 書架をブラウジングします。当館では, 2008年7月に特定資料コーナーの資料を入れ替えるリニューアルを実施しました。その際に, 統計資料は1か所に集中してこの書架へ集めたため, レファレンスへの対応が, 以前より迅速にできるようになりました。この統計の書架をブラウジングしたのですが, なかなか該当のデータが見つかりません。

　ヘルプに出た別の職員が『賃金センサス』（労働法令協会 2008）を紹介しました。これに質問に合致したデータが掲載されていたため, 調査はすぐに終了となりました。レファレンスを一人で抱え込むと, 思い込みが邪魔をし, 良い資料が眼に入らないことが往々にしてあります。チームワークの大切さを実感する事例となりました。

　さてこの事例は回答後, 再調査をしています。レファ協にデータを入れるときには, 回答が本当にベストのものだったのかを検証し, ほかにも情報がある場合には補足しているからです。レファ協に福井県内の企業の退職金の平均額を調べ

た事例がありました。そこで紹介した資料『福井県賃金実態調査報告書』（福井県商工会議所連合会　2007）など郷土資料を含めて再調査することにしましたが，やはり質問の内容に合致するデータは，『賃金センサス』が一番詳しいようでした。なお，再調査でわかった，財団法人介護労働安定センターが，平成14（2002）年度から毎年「介護労働実態調査」を実施しており，平成19（2007）年度の調査もインターネットで公開しているという情報については，情報を補足することにしました。また再調査に国立国会図書館テーマ別調べ方案内にある「医療従事者の所得を調べる」も参考にしました。テーマ別調べ方案内は，書籍の情報とともに，インターネット情報も十分紹介されているため，とても有効なツールです。調べ方案内から，医療職の公務員給与を見るという発想を得ることにもなり，幅広い調査のためのヒントも得ることができました。

　「給料」と言われれば，真っ先に『賃金センサス』を思い浮かべたいところ。「○○と言えば，まずこれを見る」といった定番資料があるので覚えておきたいですね。

　しかし，定番資料を知らず苦戦しても，この事例のように他の職員に聞けば解決することもあります。一人職場でも「レファレンス協同データベース」等を活用すれば，ヒントが得られることもあると思います。この事例も「レファ協」に登録されています。調査記録は，きっと誰かの助けになるので，事例をきちんと記録し，積極的に共有・公開していきましょう。

ナトリウム・水素系の状態図を入手したい

国立国会図書館科学技術・経済情報室　　(2009 年 11 月，第 164 回)

　「状態図って何？」と思われた方も多いと思います。状態図とは，温度，圧力，組成比で決まる物質の状態を表す図のことで，各種の工業材料を扱う技術者研究者にとっては，部品として使っているうちに温度が上がったらどうなるかなどを知ることができる基本的資料です。見慣れないレファレンスと思われる方も多いと思いますが，最近は，大学図書館や企業図書室だけでなく，公共図書館でこのような質問を受けるケースも徐々に増えつつあるようで，実際このレファレンスも某県立図書館からの文書レファレンスです。

　このレファレンスに対しては，科経情報室に開架している状態図集などを調査し，『ASM Handbook』(ASM International) の volume 3「Alloy Phase Diagram」に，該当する状態図の掲載文献が 2 件紹介されていることを確認し，それらの原文献までを案内しました。このような調査は，国立国会図書館や資料の充実している大学図書館でしか対応できないと思われるかもしれませんが，現在は当館のリサーチ・ナビを利用することで，「この資料を見てみるといいですよ」という案内がどこでもできるようになっています。リサーチ・ナビのトップページの上部にある検索窓に「状態図」と入れて検索すると，「合金の状態図（平衡状態図，相図，相平衡図，phase diagram）」という調べ方案内がヒットします。この中にはさまざまな状態図集が紹介されています。あとは，Webcat Plus で最寄りの大

学図書館等の所蔵を調べれば，大学図書館の一般公開が進んできている現在では，利用者を，探している情報が入手できるところまで案内することが可能です。個々の図書館の予算で収集できる資料は限られているため，自分の図書館の蔵書だけで案内するのではなく，他の機関の蔵書まで含めて案内することはこれからますます重要になってくるでしょう。なお，この「合金の状態図…」という調べ方案内は，今回紹介したレファレンスの結果をもとに作成したもので，1機関へのレファレンス回答を全国への情報発信に発展させた一例になっています。

　また，リサーチ・ナビでは，図書の目次情報も検索することができ，難しい技術用語を質問されたときの対応に有効です。目次検索は，科経情報室でのレファレンスでも大変重宝しており，私たちにとって必要不可欠なツールになっています。

　今回の事例のように，専門性が高そうで難しそうなレファレンスが寄せられたとしても，お手上げ！ と諦める前に，ひとまず「リサーチ・ナビ」や「レファレンス協同データベース」等をチェックしてみるとよいと思います。

　また，このレファレンスをきっかけに調べ方案内が充実されました。第Ⅰ部で触れたとおり，質問を受け，回答していく中で調べ方案内が充実していくこともあるので，「聞いていいんだろうか？」と臆することなく，他館に（市町村立図書館ならまずは都道府県立に）問い合わせていきましょう。

シンバルなどの楽器付きピアノで演奏している モーツァルトの《トルコ行進曲》の音源がほしい

国立音楽大学附属図書館 （2010 年 2 月，第 167 回）

　楽器を指定した場合の検索は少々難問です。CD の発売情報や楽器の名称，演奏者などがわかっていれば検索の糸口がつかめるのですが…。古楽器（オリジナル楽器）を使用して録音された CD には，楽器名や製作者等を記していることがあります。《トルコ行進曲》はピアノ・ソナタ第 11 番の第 3 楽章ですが，単独で演奏されることも多い曲です。当館で所蔵する《トルコ行進曲》の CD をすべて調べましたが，現代ピアノにシンバルを取り付けただけの楽器の演奏しかありません。探しているピアノは，トルコ軍隊の行進を想わせるために製作された特殊な楽器です。

　灯台下暗し，本学の楽器学資料館にもシンバル付きピアノを所蔵しているのを思い出しました。現代のグランドピアノのペダルは通常 3 本ですが，ヨハン・シャンツが 1820 年頃に製作したシンバル付きピアノには 5 本ついています。あるペダルを踏むとベルのようなシンバルがチーンとなり，別のペダルを踏むと太鼓の音がドンと鳴る仕組み。しかし，残念ながら《トルコ行進曲》の音源はありませんでした。こんな近くに楽器があるにもかかわらず求めている音源がないのは非常に悔しい思いです。その後，浜松市楽器博物館に見当を付けホームページを検索。残念ながら同名異曲，ベートーヴェン作曲《トルコ行進曲の主題による 6 つの変奏曲》の音源で

した。

　インターネットや人づてでついに発見できました。民音音楽博物館のホームページから，ヨハン・フリッツが1800年頃に製作したピアノの演奏を視聴できることが判明。その音源が録音されているCD『古典ピアノ選集』の購入もできました。解説書には，脚部にトルコ人形の彫刻が施されているピアノの写真も掲載されており，楽器を眺めながら音源が聴けます。さらに後日，楽曲配信NAXOSでリチャード・バーネットが演奏する別のピアノの音源も確認できました。

　近年，オリジナル楽器で演奏するコンサートが増えています。当時の楽器は現代のものと比べ，形や大きさだけでなく音程や音色が全く違います。楽器や演奏を知ることにより当時の演奏慣習が見えてきて，楽譜の解釈も変わると思います。

　さすが音大附属図書館！　担当された方の主題知識がすごいです。調査にあたり，楽器，楽曲，自館の資料館，関連機関に関する知識を駆使しています。

　しかしそれでも見つからず，インターネットや人づてで発見。特に人づてというのは，他の事例でもありましたが，行き詰まったときにこそ大事な気がします。研修や図書館関連のイベント等で名刺交換等することもあると思いますが，知り合った方に聞くことができる関係性を築きたいものです。（とっても難しいですが……。）

　欲を言えば，ネットでの検索キーワードと，人づての部分について詳しく書いていただければ，もっと勉強になる事例だと思いました。

戦時中のお菓子の配給制度って?!

埼玉県立久喜図書館　（2010 年 4 月号，第 168 回）

　「菓子配給統制要綱」の全文を見たい，という質問。

　『法令全書』『官報』『食糧管理史　各論』『基本行政通知処理基準』をはじめ軍事，農林，日本史関係の参考図書にあたり，埼玉資料室の『配給便覧』（1943　浦和市）『青果物配給統制規則諸類配給統制規則ニ関スル通牒』（1942）などを調べましたが要綱の記述はありません。

　次に製菓会社の社史を調査しました。すると，下記の資料に昭和 16 年 6 月 10 日に農林省が定めた「菓子配給統制要綱」について触れられていました。『明治製菓 40 年小史』『森永製菓 100 年史』『森永製菓 75 年年表』『創意工夫　江崎グリコ70 年史』。ただし肝心の要綱本文はありません。

　県立図書館の力強い味方，県立文書館の収蔵資料はどうでしょう。文書館 Web サイトの《埼玉県立文書館収蔵資料検索システム》で全資料を対象に〈菓子配給〉で検索すると，回答の告示文書が 1 件ヒットしました。当資料は県立浦和図書館でもマイクロフィルムを所蔵しており，内容を確認し回答の補足に用いました。

　さらに，《WebcatPlus》を〈菓子　&　配給　&　統制〉で検索を行うと，下記の資料の所在がわかりました。

　『菓子の配給經濟學』（帝國菓子飴公論社　1943：埼大経済研究室蔵）

　『農林時報』（日本農村調査会　農林省大臣官房弘報課 [194-]

-1970　1 巻 2 号（昭和 16.2）− 4 巻 10 号（昭和 19.10）　5 巻 1 号
（昭和 21.12）− 29 巻 2 号（昭和 45.3）：国会図蔵）

　この先は実際に冊子体の資料を確かめたく，国立国会図書
館へ調査を依頼し，回答の資料に収録されている旨の連絡を
いただきました。

　要綱の名前から，第二次世界大戦中に出たんだろうなと見当
はつきます。また，こういう質問をされる時点で，名前が微妙に
違うかもしれませんが要綱は存在していた可能性が高いと判断
できます。ですが，いつ，どこから出たのかは特定したいところ。
そんなときは，現在では，新聞データベースを使って時期を調べ
るとよいかもしれません。

　調査プロセスとしては，まず法令系ということで官報などを
確認しています。ただ，「要綱」というのが難点で載っていない
可能性が高いなと思いますし，実際にも載っていませんでした。

　次に着目したのが製菓会社の社史！「こんな統制をされれば会
社としても一大事→社史に載っているかも」と発想してみましょ
う。他の事例でも書きましたが社史はその業界の動向もわかりま
す。そしてめでたく，いつどこから出たのかがわかりました。

　全文は県立文書館の検索で県立図書館での所蔵が判明したマ
イクロと国会図書館所蔵資料で得られました。今なら「国立国
会図書館デジタルコレクション」等を活用して古い資料をたく
さん閲覧できるので便利ですね。

【事例執筆館より】県立浦和図書館は 2015 年 3 月に廃館になり
ました。

しのだ（巻き煮）の漢字表記について

横手市立増田図書館 （2010年7月号，第171回）

　油揚げを使った「しのだ煮」「しのだ巻き」の漢字はどれが正しいのでしょうか。「信田」「信太」が料理の本で使われていますが，どちらなのでしょうか。

　という質問メールが届きました。何でも郷土料理を紹介する冊子を作成中なのだが，その漢字表記をどうするか迷っているとのことです。

　早速，参考資料のコーナーで『たべもの起源事典』（東京堂出版　2003）を引いてみると「しのだ（信田）油揚げを用いた食べ物の呼称」とありました。では料理本ではどう表記しているのかと，煮物や油揚げ料理のページを開いてみると「しのだ煮」「信田巻き」の二通りで「信太」はみつけることができませんでした。

　そこで，秋田県立図書館に相談することにしました。当館のような小規模な図書館にとって，県立図書館は借り受けはもちろん，こうしたレファレンス面でも大変頼りになる存在です。この時も依頼した翌日には次のような回答をいただきました。

　『料理用語事典』（真珠書院　2003）の「しのだ」の項目で"油揚げを用いた料理につける名称。漢字で信田信太とも書く。名称の由来は，信太の森（大阪府和泉市）のキツネの伝説からきたものといわれている"図書では「信太」の表記を採用しているようで，他に「信太鮨」「信太巻き」の項目があり

ました。また，『新版目からウロコの日本語「語源」事典』(学習研究社 2004) の「稲荷鮨」の項目では，別名として「信太鮨」の説明がありました。

　以上により，「しのだ巻き煮」の漢字表記としては，「信太」が正しいようです。しかし，google の検索では「信太巻き」より「信田巻き」の結果件数が遙かに多く，語源から判断すると「信太」が正しいが，一般的に使われているのは「信田」であると考えられます。

　このように語源や使われ方がわかったことで，依頼者の方は，漢字は語源から「信太」とし，読む方にわかりやすいように，「信太（しのだ）巻き」と表記していました。

　この利用者のように，出版物に使いたいときなどは，しっかり裏をとりたいもの。そういうときに図書館を頼ってくれるのはありがたいですし，期待に応えたいところですね。

　食べ物の漢字表記というわけで，自館所蔵の食べ物の事典と料理本を確認しています。しかし，利用者の言う「信太」が見つからなかったので，秋田県立図書館へレフェラルサービスを依頼。複数の語源事典などから信太が正しいという結果でした。それにしても秋田県立図書館さんが翌日に回答をくれたという点，スピーディーでさすがだなと思いました。

　また，間違った言葉が流布するというのは意外と多いものです。信田は間違っているけどメジャーだ，ときちんと伝えているところが，個人的によいなと思ったポイントです。

流動食のレシピを知りたい

静岡県立こども病院医学図書室 （2011 年 5 月号，第 180 回）

　公共図書館司書から資料の選定についてのレファレンスである。

　『おいしい病院給食メニュー 4 ：軟菜・流動食編』（第一出版 2003）が品切れで入手不可とのことであった。

　「流動食」という KeyWord で探すと，医学的には「経管栄養」[1]の資料になってしまう。そこで「介護食」で探してみた。当院では重症心身障害児の患者さんのために嚥下障害[2]の食事も工夫されている。医師や栄養科に食事のポイントを聞いてみた。すると意外なことにドロドロの形状は，上顎に貼りついてしまい，却って飲み込みにくく，誤嚥[3]の危険があることが判明した。

　「液状だから舌の筋力を含めた運動機能と関係がないと考えるのは誤りです。むしろ舌に適切な筋力と協調性が備わっていないと適切に操作することができず，不意に喉頭に流入して誤嚥の原因となります。」[4]適度なまとまりやゼリーのような質感が大切らしい。また，単に栄養補給だけでなく，見た目にも美しいフランス料理の技法も取り入れている点が画期的であった。

　さらに調べていると静岡県内に，介護食を楽しめるレストランがあることもわかった。

　依頼者も大変満足され，筆者も勉強になった。

＜ポイント＞

＊最新のエビデンスに基づいて調べよう

　まったく新しい知見に出会うこともある

＊生活に即した情報こそ大事。

参考資料
1）　口から食べられない患者に，体外から消化管内に通したチューブを
　用いて流動食を投与する手技
2）　病気や老化などの原因により飲食物の咀嚼や飲み込みが困難になる
　障害
3）　食物や唾液が気管から肺の方へ入ってしまうこと。その食物や唾液
　に含まれた細菌が気管から肺に入り込むことで起こるのが誤嚥性肺炎
4）　『新しい介護食嚥下食レシピ集』インテルナ出版　2010

　レフェラルサービスを受けた医学図書室の事例。

　医学的な「流動食」の意味で調べると質問者の意図とは違うよ
うです。というのは，入手できなかった本の目次情報をネット
で見たところ，肉料理や魚料理，デザートなどのレシピが掲載さ
れています。つまり「介護食」のほうが正しいわけです。検索キ
ーワードの重要性がよくわかる事例です。

　そして，この事例のよいところは，専門家である医師等の協力
を得た点。専門家など，人から得られる情報も大事だと思います。
最新の知見を把握した上で資料を探し，依頼者の満足いく情報
を提供できました。

【事例執筆館より】2019 年現在のおすすめ参考図書
①『東京都健康長寿医療センター方式　おいしく食べたい食べ
させたい』インターメディカ　2018　②『きょうもいっしょに食
べよ！　病院の栄養士が考えたおいしい嚥下食レシピ』ライフ
サイエンス出版　2015　③『まるごと図解　摂食嚥下ケア』照林
社　2017

歌詞にある「オロロン港」はどこにあるの?

坂出市立大橋記念図書館 　（2011 年 6 月号，第 181 回）

　本の返却でフロワーワークをしていると，“すみません”と利用者から声をかけられました。“ちょっと聞きたいことがあるんやけど，この歌詞の場所教えてもらえる？”と，利用者が持ってきた手書きの歌詞を見せてくれました。詳しく聞くと，某人気演歌歌手が歌っている歌詞の中で「オロロン港」と言う言葉があり，この「オロロン港」ってどこにあるの？と，疑問を持ったそうです。

　まず，「オロロン」の意味を調べようと思い，『日本大百科全書』（小学館）で調べたところ「オロロン」の項目はなく，オロロンチョウがウミガラスということだけわかりました。他に情報を得ようと思い，インターネットで調べたところ，北海道小樽から稚内までの道に「オロロンライン」という道があることがわかりました。もしかしたら地名かもしれないと思い，『日本地名地図館』（小学館）で調べたところ，「オロロン」という地名は見つかりませんでした。次に，アイヌ語に関係があるかもしれないと『萱野茂のアイヌ語辞典』（三省堂）で調べてみましたが，ありませんでした。

　利用者には，後日連絡することにして，その日は帰ってもらいました。未解決に終わったので，利用者の方に大変申し訳なく思い，何か情報はないかと国立国会図書館のレファレンス協同データベースに事例を登録することにしました。すると後日，香川県立図書館と神奈川大学図書館から情報をい

ただきました。香川県立図書館からは，「オロロン」の名がついた歌のことや，「オロロン鳥」についてのこと，神奈川大学図書館からは「オロロン」という響きからアイヌ語に関係があるかも知れないと，アイヌ語の本を紹介していただきました。その中で「オロロン」という言葉は，「もしかすると，具体的にどこということはなく，最近になって作ったものなのかも知れない」という情報をいただきました。利用者の方にこの調査のことを伝えたところ，"わかりました"と感謝されたのでほっと安心しました。

　このように，未解決のままになったレファレンスを国立国会図書館のレファレンス協同データベースに載せることで，全国の図書館の方々から情報をいただけるということは，すごく勉強になりました。これからも利用者の質問に答えられるよう，レファレンスに頑張りたいと思います。

　インターネットで手がかりを得て，関連資料を見ても見つからず，「レファレンス協同データベース」を活用しています。データベースに登録することで，2館から連絡がきた結果，はっきりとした場所はなさそうとわかり，質問者から納得いただけています。未解決事例を公開し，他館に協力を求めることがポイントとなりました。

　ちなみにこの演歌は，2009年に出た氷川きよしさんの曲。アルバムに収録された1曲のようです。歌詞を見てみると，確かにどこかの地名のように見えます。どこかにその曲の解説でもないかなと思い，オンラインデータベースの「Web OYA-bunko」，「Magazineplus」などで検索してみましたが，残念ながら見当たりませんでした。

多言語化する探究型学習の相談事例

京都市立堀川高等学校図書館　（2011 年 10 月号，第 185 回）

　先生に指導され，新聞記事[1]に記載されているデータの詳
細を調べたいと 1 年生女子が図書館にやって来た。「琵琶湖
の生物が 1992 年には 592 種だったものが，2002 年には 1769
種に増えたと書いてあるが，具体的にどの種がどのくらい増
えたのか，またその原因について知りたい」と言う。

　ロシア人研究者と琵琶湖博物館の複数の研究者の共同研究
であることが記事に書かれているので，琵琶湖博物館の web-
site を調べると，「資料提供・記者発表」のページに該当記事
のソースを見つけた。その記述から，1992 年のデータ元が
『京都大学理学部紀要　平成 2 年』であるとわかり，NACSIS
Webcat で検索しいくつかの大学が所蔵していることがわか
った。

　ここまではよかったのだが，2002 年のデータが掲載されて
いる論文，『琵琶湖の生物多様性：新発見および将来の可能性』
（ロシア語）を NDL-OPAC や GeNii で調べてみたがヒットし
ない。琵琶湖博物館の web-site のページにロシア語と英語の
タイトルがあったので，英語で調べてみるがこれも駄目だっ
た。そこで，琵琶湖博物館に電話すると，外国人研究員の方
が流暢な日本語で応じてくださった。その結果，2011 年 5 月
時点で，その論文はロシア語版しか発行されていないこと，
英語版をその研究者が持っているが著作権の関係で複写でき
ないことがわかった。研究者の方から，ロシアアカデミーに

連絡をとれば入手できるかもしれないことと，この論文はシリーズの 4 冊の内の 4 巻目（volume2 Book2）であり，自分は見たことがないがインターネット上に論文の英語版[2]が 2 巻目まで公開されていると聞いたことがあるので調べてみるとよいという情報をいただきインターネットで検索したが，探している論文を見つけ出すことができなかった。

　この経緯を依頼者と担当の先生に説明し，入手してもロシア語を理解できないということで，レファレンスを終えた。

引用文献
1)　人見勅輔.「琵琶湖の生物 1769 種」2011 年 5 月 13 日. 京都新聞.
　朝刊. 24 面
2)　Timoshkin, O.A.,（ed.）（2001-） Index of animal species inhabiting Lake
　Baikal and its catchment area.

　新聞記事の記述から博物館のウェブサイトを調べ，電話で研究者の方に問い合わせています。

　現在ではインターネット上で目的の論文を閲覧することが可能です。< Lake Biwa biodiversity discovery >として Google で検索すると，「Research Gate」というウェブサイトがヒットし，ここから「Biodiversity of Lake Biwa: New discoveries and future potential」英語の全文 PDF をダウンロードすることができます。インターネット上で閲覧できる一次資料が増えているので，検索語を工夫し，諦めずに検索してみるとよいと思います。
【事例執筆館より】掲載当時の実践事例であり，現在本校が実践している内容とは異なります。

美味しそうな料理の出てくる小説はないですか?

福島県立会津高等学校図書館　（2012 年 5 月号, 第 191 回）

　学校図書館では読書相談が多く, 特に「なにかおもしろい本ない?」という質問はかなりの頻度で聞かれます。毎回, 嬉しいと同時にとても緊張します。はたしてこの生徒はどんな本をおもしろいと思ってくれるのか。聞かれた瞬間から頭をフル回転させ, いろいろなことを話しながら, 一緒に書架を歩いて本を見つけていきます。

　この時は「『食堂かたつむり』のような本がいい」ということでしたので, 同じ作者の『あつあつを召し上がれ』（小川糸著　新潮社）と, 『しあわせのパン』（三島有紀子著　ポプラ社）をまず紹介しました。

　その日はこの 2 冊を借りていきましたが, この生徒はそれから何度も何度も「おもしろかったので, またこういう料理の小説が読みたい」とやって来てくれたので, このテーマの本ばかり手持ちのネタを出しつくすほど紹介することになりました。

　まずはお菓子のたくさん登場する本もと, 『シュガー アンド スパイス』（野中柊著　角川書店）, やはりパティシエが登場するミステリー『タルト・タタンの夢』『ヴァン・ショーをあなたに』（近藤史恵著　東京創元社）, 『ラ・パティスリー』と『ショコラティエの勲章』（上田早夕里著　角川春樹事務所）。さらに『アイスクリン強し』（畠中恵著　講談社）, 『和菓子のアン』（坂木司著　光文社）, 『植物図鑑』（有川浩著　角川書店）, 『真夜中のパン屋

さん』（大沼紀子著　ポプラ社）……などなど，最終的には池波正太郎まで出してきたところで打ち止めになりました。

　このようなレファレンスや読書相談に備えて，福島県高等学校司書研修会の会津部会では，研修で「使えるブックリスト」を作成しています。この「美味しい本」の他，「部活動やスポーツがテーマの本」「怖い本」「泣ける本」など，役立ちそうなテーマで各自作成したブックリストを持ち寄り，交換して活用しています。他の司書の視点で作成されたブックリストは，手作りのレファレンス資料として，いざというとき大変参考になります。

　「なにかおもしろい本」という質問が多いという学校の事例。「おもしろい」と言っても，何がおもしろいかは人それぞれ。「嬉しいと同時にとても緊張」，「頭をフル回転」，「いろいろなことを話しながら」という点はとても共感できます。

　このような質問に備え，司書研修会で役立ちそうなテーマのブックリストを共有しているのがポイントです。学校図書館の司書は一人職場も多いと思います。そんな中，いろいろな情報を共有すれば，一人だけではできないことが実現できます。

　ちなみに私も「おもしろい雑誌ありますか？」と聞かれたことがあります。20代くらいの女性でしたが，書架を見ながら話を聞き，複数紹介しましたが，取材等のときによく紹介する『缶詰時報』が一番お気に召された様子。定番だったので，ちょっともどかしい気持ちになりました。私にとってのおもしろい雑誌は，雑誌ならではのディープでマニアックな分野を扱っている『けもの道』（三才ブックス）ですかね。

170

ふるさとの歌を歌い継ぎたい

滋賀県立図書館　（2014 年 2 月号，第 206 回）

　県内の市町立図書館が協力して取り組んだ事例を紹介します。

　きっかけは，近江八幡市立図書館で受けた「市町村の歌を調べたい」というレファレンスでした。依頼者は，骨董品店で偶然に「能登川町歌」[1]や「五個荘町歌」[2]のレコードを見つけ，市町村の歌に興味をもったとのこと。滋賀県では，平成の大合併で 50 あった市町村が 19 市町に減ったこともあり，特に「合併で消えた市町村の歌を残していきたい」と希望されていました。

　依頼を受けた図書館では，さっそく自館で所蔵している自治体史や市町勢要覧をあたり，近隣の市町中心に十数曲を探し出しました。しかし，依頼者は「できるだけ全県的に曲を集めたい」と希望されています。そこで，県立図書館の公共図書館用サイト「滋賀県図書館ポータル」を使って，県立図書館と各市町立図書館に，レファレンスへの協力を依頼しました。

　依頼にこたえて，各市町立図書館で調査が始まりました。すると，「守山市歌」は市制施行 20 周年記念式典のリーフレットに，「甲西町民のうた」[3]は町発行の CD にと，その地域の図書館だからこそ見つけることができた歌が集まってきました。また，図書館では見つからず，役場に問い合わせて，確認できた歌もありました。

回答までに時間はかかりましたが，県内市町立図書館の協力で，新旧あわせて 42 市町村分 55 曲を集めて，提供することができました。その後，この図書館ではコンサートを開催するなど，ふるさとの歌を歌い継いでいくための活動が広がっています。また，今回の調査結果は，タイトルや制定年，情報源などを一覧表にして「図書館ポータル」にも掲載し，各図書館で参照できるようにしました。

注
1）　能登川町は，2006 年 1 月 1 日東近江市に編入
2）　五個荘町は，2005 年 2 月 11 日合併し東近江市に
3）　甲西町は，2004 年 10 月 1 日合併し湖南市に

県内の公共図書館が協力して，郷土のレファレンスに取り組んだ事例。

平成の大合併で多くの市町村がなくなってしまいました。私の地元の市も大きな市に合併され，市の名前が変わりましたが，合併された後も自分が生まれ育った地名には愛着があります。

やはり郷土レファレンスはそれぞれの自治体が最後の砦となります。各館できちんと収集，提供できるようにしておく必要があると感じました。

また，滋賀県の公共図書館用サイトを使って，県下の図書館が一斉にレファレンスに取り組めるような仕組みが整っているのは，とてもすばらしいことだと思います。

調査結果を図書館で共有したり，調査をきっかけにコンサートが開かれるというのも，レファレンスの素敵な活用方法ですね。

ターボ分子ポンプの市場規模が知りたい

新潟市立中央図書館　　（2014 年 11 月，第 215 回）

　当館では，開館当初から積極的にビジネス支援サービスに取り組んでおり，その一環として，新潟市の外郭団体である公益財団法人新潟市産業振興財団（通称：新潟 IPC 財団）とも連携して事業を行っています。新潟 IPC 財団は，市内中小企業が抱える製品開発や販路拡大などさまざまな課題解決を支援している機関です。共催でビジネス支援セミナーを開催したり，新潟 IPC 財団からのレファレンスに対応したりというように，協力し合いながらサービスを展開しています。

　このレファレンスもそのような連携体制の中で受けた事例です。「ターボ分子ポンプ」と言われてもピンときませんが，真空状態を作り出す装置のことで，研究用実験装置，高エネルギー物理学，食品加工，プラスチック製品加工，油拡散ポンプの置き換えなど，さまざまな用途に用いられるものだそうです。

　工業製品ということで，まずは『工業統計表　平成 22 年』（経済産業調査会　2012）を調べると，企業統計編，産業編，品目編それぞれに品目番号「2693」として真空関連機器の統計が出ていました。また，『機械統計年報　平成 24 年』（経済産業調査会　2013）に真空ポンプの項目があり，生産・販売・在庫の数量や金額が載っていました。

　図書資料だけでは情報が足りないので，オンラインデータベースやインターネットも駆使して調査します。当館では新

聞記事検索や企業情報，法律情報等に関するデータベースを12種類契約しています。その中の「日経テレコン21」と「ELNET」を使い，キーワード「ターボ分子ポンプ」で検索しヒットした記事を提供しました。また，インターネットで検索し，「日本真空工業会」のホームページに真空機器全体の受注売上，「公正取引委員会」のホームページに「平成19年度における主要な企業結合事例」として「（株）島津製作所による三菱重工業（株）のターボ分子ポンプ事業の統合」との記事があり，その中に市場規模や市場シェアが書かれていたので，URLをお伝えしました。

新潟IPC財団からの調査依頼は毎回難易度が高く，図書館側としては司書のレファレンススキルが鍛えられる良い機会となっています。今後も連携を取り合いながら，より良い協力関係を目指していきたいと考えています。

市場規模に関する質問です。ビジネスに関するレファレンスでは，比較的多い質問ではないでしょうか。基本的な統計を見た後，オンラインデータベースや業界団体のウェブサイトを活用しており，王道の調査方法です。

専門機関との関係を築いていく中で，図書館が関係機関から問い合わせを受けることもあります。情報源を豊富にもち，それらを活用できる図書館は，専門機関にとっても有効な施設だなと改めて感じました。

75

人物相関図を描くための例がほしい

神奈川県立住吉高等学校図書館　（2015年7月，第223回）

　授業で見せるための画像の要求というのもよくあります。これは国語科教員からの依頼です。「よく恋愛ドラマの紹介で使われるような矢印に〈好き〉など感情的な関係性も示すような図。授業で「臥薪嘗胆」についてやっている。生徒に書かせたい。グループ分けをしていたり，関係性によってつなぐ線に違いがあったり工夫がしてあるとよい。顔のイラストもあるとよい」。

　まず新ドラマの紹介が載っている雑誌を探してみましたが所蔵しているのは『横浜ウォーカー』（KADOKAWA）のみ。紹介欄に人物相関図はありませんでした。次にキャラクター紹介のよく載っているコミック。イラスト付きキャラ紹介はありますが，相関図まで載せているものはなかなかありません。とりあえず教員は生徒に人気のものも例に出しておきたいと『暗殺教室』（松井優征著，集英社，2012-）をキープしました。コミックで人物が入り乱れてると言えば源氏物語か？ 『あさきゆめみし』（大和和紀著，講談社，1980-1993）も見ましたが系図と人物紹介は別にされています。さらにイラスト入りの源氏物語関連を探しました。その中で『源氏物語を知りたい』（枻出版社，2013）は系図と人物紹介が分かれてはいますがカラーで，系図を「全体相関図」，人物紹介はキャッチフレーズ的な文でしているのでキープ。その他「図解」系の本もいろいろ見てみましたがピッタリくるものはなし。ただついでに

『問いをつくるスパイラル』（日本図書館協会，2011）に興味を持って借りてくれたのはラッキー（新採用の教員でしたので，ぜひ今回に限らず授業づくりの参考にしてほしいと思って）。人物入り乱れるといえば三国志かな，と関連書の中で『三国志群雄ビジュアル百科』（ポプラ社，2008）が人物相関図がしっかりしてるので出したけれどあまりお気に召さず（恋愛はないからねぇ）。「臥薪嘗胆」からインターネットで検索すると中国ドラマ紹介に臥薪嘗胆の人物相関図があったのでこれも印刷。うーむ，他にないか。ふと文学に分類していたコミック『先生と僕』（香日ゆら著，メディアファクトリー，2010-）を思い出しました。見てみるとこれぞ求めていたものにピッタリの人物相関図ではないか！やったー。

　忘れないうちにメモっておかなきゃ，とレファ協に事例登録しておきました。後日，他校から「うちも夏目漱石の『こころ』で人物相関図を描かせたいという質問に同じような経過で『先生と僕』を提供したところだったので，あれ？私もう登録したんだっけと思った」というような感想をもらい，同時多発的に同じ質問は来るんだと事例登録の重要性を再認識しました。

　人物相関図の例といえば，私もテレビ情報誌が思い浮かびます。残念ながらこの学校図書館には所蔵がなく，代わりにぴったりな本を思い出し提供しています。検索手段が乏しい分野では，記憶を引き出せる抽斗をたくさんもつことが必要ですね。

　また，事例を登録して共有することも大事です。登録することで，このように他の図書館が助かることもあります。

76

「山桜の歌」について知りたい

北九州市立中央図書館 （2015 年 11 月，第 227 回）

　私が図書館勤務になって間もない頃のことだ。同僚がこの
レファレンスを受けたのだが，いろいろと調べてみるがわか
らないようだった。

　私もどんなレファレンスなのか試しにやってみた。

　吉村昭著「手首の記憶」で引用されている「山桜の歌」に
ついて知りたいとのことである。

　歌詞はこうだ。「山ふところの山桜　一人匂える朝日影
見る人なしに今日もまた　明日や散りなん　たそがれに」

　既に同僚が唱歌，教科書，軍歌集および今様集などに目を
通している。とりあえずインターネットで「山桜の歌」と入
力して検索。また歌詞の一部を入力して検索。

　この歌が載っている「手首の記憶」というのは終戦時南樺
太で看護師たちが集団自決するという話で，その際にこの歌
を歌っている。

　翌日私は休みだったのだが，レファレンスのことが気にな
ったので，インターネットでいろいろなキーワードを入力し
て検索してみた。なんて仕事熱心。

　結果的にこのレファレンスは当館では解決できなかった。
しかし，図書館はつながっている。

　後日このレファレンスを福岡県立図書館に相談すると，さ
らに北海道立図書館へとつながった。

　そして，北海道立図書館が答えを見つけてくださった。詳

細はレファレンス協同データベースに載っているので，「北海道　山桜の歌」で検索してみてください。

　「北海道立図書館の皆様，その節はありがとうございました。ちなみに北海道民の方からもたまに当館にレファレンスがあります。日本全国の図書館はつながっていて，お互いに助け合っているんですね」

　自館では解決できない難問も他館の協力で解決したという事例である。

　図書館勤務歴が短い方のレファレンス。同僚の方が受けたレファレンスに興味をもって，自分で調べてみるという姿勢はとてもよいと思いました。他の職員の調査方法を追って，できれば実際に調査を再現してみると，レファレンスの力が上がると思います。そもそもレファレンスが少ないという館では，「レファレンス協同データベース」等の事例データベースに載っている事例で試してみるとよいかもしれません。

　この事例は，本文中にあるとおり「レファレンス協同データベース」に掲載されています。北九州市立中央図書館と北海道立図書館，それぞれの事例が載っているので，ぜひ両方ご覧ください。

　「図書館はつながっている」と事例中に出てきますが，まさにレフェラルサービスを言い表した言葉で，個人的に好きな表現です。この方は勤務歴が浅いときに実感できてよかったなと思います。

大佛次郎が京田辺市にある観音寺について
書いた作品を探している

京都府・精華町立図書館　（2016 年 3 月，第 231 回）

　京田辺市は精華町の北隣に位置します。大佛次郎が近くの
お寺のことを書いていると聞いた利用者が調べに来られまし
た。

　まずは当館の蔵書検索で調べましたがヒットしません。次
に K-Lib（京都府内の横断検索）や国立国会図書館蔵書検索・申
込システム（以下「NDL-OPAC」と略す）でも検索しましたが，
見つかりません。さらに大佛次郎の全集や選集などを NDL-
OPAC で検索し，個々の図書の内容を確認しましたが，見つ
かりません。

　当館では，全集・叢書などの詳細な目次を調べられる資料
を所蔵していませんので，検索エンジンで大佛次郎の全集・
叢書の内容一覧がないか検索してみました。すると「研究余
禄～全集目次総覧～」という個人の方のサイト（http:
//kenkyuyoroku.blog84.fc2.com/）（最終確認 2019 年 8 月 17 日）が見
つかりました。そこに，『大佛次郎随筆全集』（朝日新聞社
1973 年～74 年）の内容が掲載されており，第 2 巻に「普賢寺」
という作品が収録されていることがわかりました。観音寺は
"普賢寺"（地名）にあったのではないかと思い，『京都古社寺
辞典』（吉川弘文館編集部編　吉川弘文館　2012 年）で調べます
と，その通りだったのでこの作品ではないかと考えられます。

　再び NDL Search で，「大佛次郎　普賢寺」で検索したとこ

ろ,『石の言葉：随筆集』(大佛次郎著　光風社書店　1966 年) の
本と同書のデジタル化資料があることがわかりました。デジ
タル化資料には目次情報がありますので,「普賢寺」の収録も
確認できました。デジタルの元版である光風社書店の本を関
西館で所蔵していることと併せてご案内しました (東京本館
では『大佛次郎随筆全集』第 2 巻を所蔵)。

　しかし,利用者は貸出できる本をご希望でしたので,
K–Lib で『大佛次郎随筆全集』や『石の言葉：随筆集』を所蔵
していないかを調べたところ,京都府立図書館が『石の言葉：
随筆集』を所蔵していることがわかりました。そこで取り寄
せをし,実際に本に記載されている内容の確認をしました。
地名にもなっている観音寺の別称 “普賢寺” を先に調べてお
けば,もっと早くたどりついたのではないかと反省した事例
でもあります。

　関西館は町内にあるので,他の図書館に比べて身近な存在
であり,レファレンスの際に関西館での所蔵を確認し併せて
紹介することがよくあります。漢詩の原文の問い合わせで館
内限定の国立国会図書館デジタルコレクションで見ることが
できるとわかったときや,相互貸借で貸出できない参考図書
を見たいと言われたときなどに紹介してきました。レフェラ
ルサービスを行うには大変恵まれた環境にあります。また,
図書館行事である「文学講座」の後援や,府立図書館連絡協
力車が関西館からの貸出資料を搬送してくれる物流システム
が整備されています。せっかく町内に国の資料・情報拠点の
一つとなる施設があるのですから,発信されている情報資源
をしっかりと活用させていただくとともに,当館の蔵書では
十分に対応できなかったレファレンス事例の協力を依頼する

など，利用者の多様な求めにそった対応ができるよう連携協力していきたいと考えています。

　検索キーワードの選び方は大事だなとつくづく思う事例です。「観音寺」がある地名の「普賢寺」（この地名もお寺の名前っぽいですよね……）で検索すると見つかったというものです。レファレンスインタビューで，いつ頃書かれたものなのか，どこでそのことを知ったのかなど，利用者から調査の上で参考になりそうな情報をできるだけ引き出したいですね。

　さて，キーワードのヒントになったのが，ネット検索で見つけた個人のウェブサイト。こういうマニアみたいな方のサイトやブログはけっこう便利です。もちろん，この情報だけに頼ってはいけませんが，手がかりになることも多いです。私は某鉄道雑誌の特集名と表紙の特徴を言われて探したときに，個人の方のサイトを見て検索したことがあります。

　そして，そのサイトで「普賢寺」を見てピンと来るのは，さすが地元の図書館の方だなと思います。やはり図書館のある地域（県，市町村）の情報は知識としてもっておきたいところです。

　キーワードを変えてからはスムーズに資料提供まで進んでいます。国立国会図書館関西館が位置する精華町だから，館内限定の「国立国会図書館デジタルコレクション」を紹介できたというのもポイントだと思います。近隣の役立つ関係機関を理解することの重要性を感じました。

百人一首の和歌にある「しのぶもぢずり」について

島根県立図書館　（2016 年 6 月，第 234 回）

　百人一首に「陸奥の　しのぶもぢずり　誰ゆゑに　乱れそ
めにし　我ならなくに」（河原左大臣，「古今集」）という歌があ
ります。その「しのぶもぢずり」という染物の写真や作業の
様子がわかるものはないか，という質問です。授業で紹介し
たいという教員のレファレンス依頼を受けた学校図書館から
の問い合わせでした。

　国語辞典や和歌，染織関係の事典で調べてみると，『日本国
語大辞典 6』（小学館　2001），『日本歌語事典』（大修館書店
1994），『染織事典』（泰流社　1981），『定本和の色事典』（視覚デ
ザイン研究所　2008）に，「忍摺」「信夫摺」「忍文字摺」などの
項で解説がありました。また，陸奥の信夫地方のものである
ということから，『福島県民百科』（福島民友新聞社　1980）も
調べました。「信夫郡」の項には上記の歌にも詠まれている
地名であること，「しのぶもちずりとあだちぎぬ（信夫毛地摺
と安達絹）」の項には，「正統な技法は鎌倉時代にはいると幻
のように消滅してしまった。」とあります。どうやら写真を
探すのは難しそうです。他に NDC753 の草木染に関する資
料，911 の和歌に関する資料を探したところ，『衣風土記Ⅱ』
（法政大学出版局　2006）には，シノブの染物と伝説の"もぢず
りの石"についての記述等があり，『知識ゼロからの百人一首
入門』（幻冬舎　2005）には，しのぶもぢずりの方法について簡
単なイラストが掲載されていました。

この事例においても，もしかしたらと思い，国立国会図書館の「レファレンス協同データベース」（以下，レファ協）を確認したところ，同様の事例がありました。当時は参加館公開として１件あり，レファ協の紹介も兼ねてあわせて回答しました。その後，同様の事例がまた１件公開されていることがわかりました。この事例も当館と同じく学校からの問い合わせだったようです。ご当地ではよく知られていることかもしれませんが，各地で同じような質問を受けることがあるのだと改めて思いました。また，レファ協は学校図書館の参加や事例も増えており，参考になるということを学校図書館関係者にも伝える事例として印象に残っています。

　学校図書館から依頼を受けた県立図書館の事例。「百人一首」ということで和歌，「染物」ということで染織の事典と国語辞典を参照しています。加えて「陸奥の信夫（しのぶ）地方」ということで，福島県関係の資料も調査されています。繰り返しになりますが，１つの質問を複数の観点から調査するのは大切なことです。

　また，この事例の担当者は「もしかしたら」と思い，「レファレンス協同データベース」を確認し，同様の事例を見つけることができました。元々，高校の教員から授業で使いたいという質問だったので，ほかの学校でも同様の質問があるかも？と発想し，確認されたのだと思います。「他の図書館でも聞かれてそう」と思ったら，まずは「レファレンス協同データベース」にあたってみるとヒントが見つかるかもしれません。

5 章 自館を知る

　レファレンスで一番の基本は「自館を知る」ことです。具体的には，自分の館の「特徴あるコレクション（貴重資料等）」，「蔵書構成・選書の方針」，「検索システムの仕組み」，「よく聞かれるレファレンスの傾向」等や，自分の館の歴史，地域のこと，周辺事情等が例として挙げられると思います。

　「そんなの当たり前じゃないか」という声が聞こえてきそうですが，意外と見落としていることも多いと思うのではないでしょうか。せっかく資料を所蔵していても，スムーズに提供できなかったり，活用できなければ宝の持ち腐れです。

　また公共図書館に関しては地域（郷土）資料，単科大学や専門図書館ではそのテーマに関する資料についての最後の砦でなくてはいけません。

　この章では，自館のコレクションを有効活用したり，専門分野を生かしたレファレンスを行っている事例をご紹介します。自館作成ツールを活用した事例もあります。どれも渾身のレファレンスなので必見です！

79

過去の有価証券報告書虚偽記載事件について調べたい

大阪府立中之島図書館 （2006 年 7 月，第 131 回）

　今から 10 年程前のものに遡りたいとのことで，まず手始めとして新聞記事に当たられてはどうかと案内いたしました。当館では朝日新聞，日経新聞，毎日新聞，読売新聞のオンラインデータベースを用意しており，記事の検索・閲覧，その他企業検索等各機能を無料でご利用いただいております。こちらを用いて事件の経緯，正確な時期を把握した後，有価証券報告書自体を参照いただきました。当館は，2004（平成 16）年度大阪証券取引所から有価証券報告書マイクロフィルムの寄贈を受け，戦後証券取引所が開設された 1949（昭和 24）年から 2001（平成 13）年 9 月期までの大阪証券取引所及び東京証券取引所上場企業の有価証券報告書を閲覧いただけます。本件では判例集のオンラインデータベースを併せて確認いただき，事件の概要についての情報を入手いただけたようでした。

　本事例のように，有価証券報告書等個別企業情報の充実はビジネス支援サービスにおいて極めて重要であると思われます。当館においては過去のものと併せて最新の有価証券報告書についてもインターネットを用いて提供するほか，会社史の収集，名簿・名鑑類の収集にも重点的に取り組んでいます。社史コーナー，名簿コーナーをビジネス支援室内に設け，いずれもホームページにて資料一覧を公開しています。今後も

さらなる充実を図ると同時に，広報・利用促進を行っていく
必要性を強く感じます。

────────────────────────────────

　中之島図書館はビジネス支援サービスで有名な館です。

　有価証券報告書の虚偽記載事件ということで，自館の有価証
券報告書コレクションと新聞，判例のオンラインデータベース
を活用した事例です。報告書そのものを見る前に，いつの時点
の報告書を参照すればよいか調べるため，新聞のデータベース
を案内している点がすばらしい。マイクロフィルムを１コマず
つ見ていく作業は大変ですからね。

　難しいイメージのある有価証券報告書ですが，各企業の収益
や経営課題，リスクといった細かな情報まで掲載されており，ビ
ジネス情報の宝庫でもあります。有価証券報告書そのものを広
い年代にわたって所蔵している図書館は少ないと思いますが，
一部の年代のものについては，オンラインで無料閲覧できるツー
ルがあります。

　「EDINET」（金融庁）は，最近５年以内に提出された有価証券
報告書を閲覧することができます。

　「Engel（営業報告書・有価証券報告書・目論見書データベース）」（東
京大学経済学部図書館）は，1961（昭和36）年から1985（昭和60）年
までの東証１部上場企業の有価証券報告書を閲覧できます。

　また，有料で契約が必要ですが，「eol」（プロネクサス）という
データベースもあります。

80

「マラカイトグリーン」って宝石?

神奈川県立川崎図書館　（2007 年 9 月，第 142 回）

　ある化学物質の製造方法が知りたいという電話での問い合わせでした。聞いたことのない物質名でしたが，まるで宝石のような名前でした。「どこを探しても出ていないので，ほんの数行でもよいから記述されているものはないか」というお尋ねです。

　化学物質の製法ですので，まず，どんな物質なのかも併せて調べようと化学商品のリストである『15107 の化学商品』（化学工業日報社　2007）を見ることにしました。この本は改訂されるたびに収録される商品数が増え，そのため書名の数字も増えていくという変り種です。

　調べてみると規格や用途，性状などは書かれてありましたが，求める製造方法は記載されていません。それどころか，よく見ると右上に「劇物」の二文字があるではないですか。劇物！これでは製造方法なんて書かれてあるはずはありません。他の資料も当たってみましたが，どれも劇物とは書いてあっても，造り方までは無理な話です。この「化学商品」を遡っていくと 1995 年以前には劇物の印はなく，どうやら，1995 年に劇物に指定されたようです。諦めかけたときに，指定を受ける以前の事典にはあるかもしれないと思い，『工業薬品事典』（日刊工業新聞社　1964）を開いてみました。すると構造式とともに 5 行ほどですが製法が書かれてありました。

　科学や技術に関することは，とかく最新のものに目が行き

188

がちですが，実は旧版にも，まだまだ，ある意味，新版には無い情報があるものです。そういえば利用者の方から「調べていることがなぜか，この古い事典にしかないんだよねえ」と言われたことを思い出しました。

このレファレンスには後日談があります。テレビのニュースから聞き覚えのある言葉が流れてきました。そうです，あの宝石のような化学物質の名前でした。ある国から輸入した鰻から日本では食品への使用が禁止されている，その物質が検出されたというのです。抗菌作用があり，水に溶けるということから観賞魚の病気を防ぐために使われているのですが，その国では鰻の養殖にも使っていたというものです。まあ時にはこんな偶然もあるものです。

古い年代の事典が大活躍した事例。自然科学系の古い資料も時には役に立ちます。除籍の基準を，出版年で考える館も多いと思いますが……悩ましいですね。劇物の表記について調べてみました。劇物を指定している「毒物及び劇物取締法」を「e-Gov」（総務省）で参照しましたが，「マラカイトグリーン」の記載はなし。国内外での化学物質の法規制・有害性情報を調べることができる「NITE-CHRIP」（製品評価技術基盤機構）でも，マラカイトグリーンの劇物指定情報は見つからず……。『○の化学商品』の近年の版を見てみると，たしかに「劇物」の文字が。しかし項目名をよく見ると，「マラカイトグリーン（しゅう酸塩）」となっています。マラカイトグリーンそのものについては劇物の指定が見つかりませんでしたが，しゅう酸塩として流通しているものについては，毒劇法の「蓚（しゅう）酸塩類及びこれを含有する製剤」に該当するため，劇物ということになるようです。

81

小豆島のオリーブについて網羅的に知りたい

香川県立図書館 （2009 年 3 月，第 156 回）

　早速，当館の蔵書検索システムの全文表記検索で，「オリーブ」をキーワードに検索したところ，『オリーブと冨有柿百年』（高松市歴史民俗協会／編　高松市歴史民俗協会　2007 年）や『香川のオリーブ』（香川県農林水産部／［編］　香川県農林水産部 1998 年）などの資料を所蔵していることがわかりました。

　この他，はまちのたたき造りオリーブ入りなど，オリーブを使った家庭料理 41 品のレシピを紹介した『小豆島のオリーブ料理』（小豆島オリーブ協会／［編］　小豆島オリーブ協会 1998 年）や『香川オリーブ自慢の料理店』（香川こまち／編　かがわ県産品振興協議会　2007 年）といったユニークな資料も紹介することができました。

　香川県を代表する産業の一つにもなっているオリーブは，瀬戸内海の小豆島に植栽されて 2008（平成 20）年で 100 周年を迎え，節目を祝う行事が年間を通し全島挙げて催されていました。

　そこで，地元紙四国新聞の主な記事を当館独自で切り抜いて分野ごとにまとめた『四国新聞クリッピング』を見たところ，「オリーブ 100 年祭」に関する数多くの記事が特産品のファイルにありました。

　このように，当館の郷土資料の収集は，歴史的な資料だけでなく，最新の身近な情報の提供も目指して行なわれていますので，この質問には関連する多くの資料を提供することが

できました。

　郷土に関するレファレンスは，情報探索のスキルだけでなく，普段から地域に関する資料をどれほど収集できているかが要です。この館では既成の出版物に加えて，独自にクリッピングした新聞記事を集めている点がすばらしいと思います。分野ごとに記事を分けて保管することで，後々参照しやすいように工夫しているのもポイントです。よく聞かれるテーマであれば，パスファインダーをつくっておくとよいかもしれません。

　事例で紹介されているように，自治体の農林水産部門や関連団体が発行する資料は，ぜひ集中的に所蔵しておきたいものです。こうした資料やパンフレット類は，ホームページ等で公開されているものもありますが，一般的な流通網では入手できない資料もあるので，普段から関係部署と連携をとり，資料提供を呼びかけたいところです。

　今回の事例のように「○○（農産物）について網羅的に知りたい」と聞かれた場合，調査すべき範囲は多岐にわたります。その農産物が食卓に並ぶまでの過程をイメージすると，取りこぼしが少なくなると思います。

　なぜその土地で栽培が根づいたのかという経緯や歴史，地理的な条件については，『○○県史』といった地誌（地方史）に詳しく載っていることがあります。生産量，出荷状況，売り上げ，消費動向等については，自治体の統計類をチェック。農業政策に関する行政資料に情報が見つかることもあります。栽培方法については，地域の農協などが発行する資料に情報があるかもしれません。地方紙や地域情報誌などから，地元生産者のインタビュー記事などが見つかる可能性もあります。

特定の病気について知りたい

横浜市中央図書館　（2009 年 10 月，第 163 回）

　不幸にも交通事故に遭われた方から，診断された病気のことについて調べてほしいというケースが 2 件ありました。

　1 件目は「衝突症候群」という診断名が出たが，どのような病気か記述されている文献を見たいというものです。医療情報のレファレンスはまずインターネットや各種医学辞典で病名を調べて基本的情報を把握し，その後関連する図書にあたる，という流れで進めています。そこで，用語の意味を把握するため，まずインターネットの google で「衝突症候群」を検索すると，複数の整形外科のサイトで「インピンジメント（衝突）症候群」と紹介されていました。この言葉が病態を説明する用語として確立しており，肩関節の内部組織の慢性的な障害や外傷のことを指すことを確認後，「インピンジメント症候群」で医学辞典や整形外科学の図書を検索しました。

・インピンジメント症候群（impingement syndrome）周囲にある突起および靭帯により腱板（特に棘上筋膜腱）が損傷され，慢性の肩痛と肩の機能障害を生じる疾患。頭より高い位置での作業中などに生じる。『ナース版ステッドマン医学辞典』（ステッドマン　トマスラスロップ原著　ナース版ステッドマン医学辞典改訂第 2 版編集委員会編　メジカルビュー社 2003）p.530

　この他『標準　整形外科学』（中村利孝，松野丈夫，内田淳正編 医学書院　2008）p.759-p.760 にも「インピンジメント症候群」

の記述があり，両方とも利用者に紹介しました。

　2件目は「特発性正常圧水頭症」について。難病指定されている疾患との情報をいただいたので，病名での図書がある可能性を考え，インターネットは使わず，OPACで直接病名を検索したところ，『特発性正常圧水頭症診療ガイドライン』（日本正常圧水頭症研究会，特発性正常圧水頭症診療ガイドライン作成委員会編　メディカルレビュー社　2004）がコーナーにあることがわかり，すぐに利用者に提供することができました。一部ではありますが病名ですぐ該当の図書が検索できるようになったのは，コーナー開設時に積極的に診療ガイドラインを収集した結果だと思います。

　以上2件のレファレンスは，もし医療情報コーナーがなかったら相談自体受けることがなかったでしょう。市民向けの医療情報を提供するコーナーとしての役割を再確認しました。

　横浜市中央図書館で，医療情報コーナーを開設して2年経った頃の事例です。病気を調べる上で，検索語の選択はとても重要です。医学書では，日常生活でなじみのない用語が使われていることも多いので，今回のように，よく使われる表記が何なのかをまず調べてみることが大切です。

　診療ガイドラインは，一般利用者には難しい内容もありますが，信頼できる情報源です。現在は，「Mindsガイドラインライブラリ」（日本医療機能評価機構）上で，ガイドライン本文とその解説が検索・閲覧できるようになっています。利用者が求める情報のレベルを見極めつつ，信頼できる情報を提供できるとよいですね。

特別本をどのように検索すればよいのか?

天理大学附属天理図書館　　(2010 年 12 月，第 175 回)

　当館資料は，カードおよびオンラインなどの検索だけでは
目的を達せられないことが多いと思います。そこで効率的な
利用については，まず『天理図書館叢書』として出版されて
いる 46 冊が役に立ちます。収蔵資料を利用しやすいように
紹介する分野別テーマ別目録類の出版は，当館が力を入れて
きた分野です。中でも，特別資料の検索としては『綿屋文庫
連歌俳諧書目録』第 1 － 2，『古義堂文庫目録』『吉田文庫神道
書目録』『天理図書館近世文書目録』第 1 － 5 (大和国山辺高市
十市式上式下の各郡)，および書誌的記載が詳細な『稀書目録和
漢書之部』第 1 － 5，『稀書目録洋書之部』第 1 － 4 などが有
用です。さらに中国の地方誌『中文地志目録』，キリスト教伝
道関係の『Catalogue of special books on Christian missions.』Ⅰ・
Ⅱ，アフリカ関係目録『Africana』Ⅰ・Ⅱ，二代真柱が海外か
ら将来された図書目録『Catalogue of books brought from abroad
by The Reverend Shimbashira Nakayama，1951-63』もあります。
　また展示解説用に作成された図録の類も，テーマ別の蔵書
把握に役立ちます。例えば『天理図書館開館記念展図録』や
『天理ギャラリー展図録』も 80 冊余を数え，関連資料を探す
のに役立ちます。さらに館報『ビブリア』は，現在 134 号ま
で発行していますが，その中に目録書誌資料紹介翻刻など所
蔵資料の検索や概要の把握に役立つものがたくさんあります。
『ビブリア』別冊『総目次総索引』(1-100 号) (平成 6 年 4 月)以

後のものは各号をご覧いただきたいと思います。そのほかに，写真と解説を対にした『善本写真集』も和漢洋併せて50冊あります。

　次に天理図書館の特色集書等の概要を知るのに役立つ資料をあげます。その最も詳しい資料は，図書館が編集した『天理図書館四十年史』（天理大学出版部　昭和50年）で，それ以降は「天理図書館年譜」が『ビブリア』132号から4回に分けて掲載中です。濱田泰三編著『やまとのふみくら－天理図書館』（中公文庫，平成6年），また当館の収書に最も深く関わった反町茂雄著『定本天理図書館の善本稀書』（八木書店　昭和55年），『一古書肆の思い出』第1－5（平凡社　平凡社ライブラリー　平成12－13年）も，当館の集書の流れを知るのに役立ちます。

　稀書目録から館報まで，さまざまなツールで所蔵する特別本の書誌や概要を把握することができるという例。多くの稀覯本を所蔵する天理図書館ならではの事例と言えます。

　OPACが主流になった今でも，一部のコレクションについては，紙の目録でしか探せないという図書館もあると思います。OPACではどこまで検索できて，どこからは紙の目録を見る必要があるのか把握しなければ，適切な案内はできません。

　なお，探している資料がどこの機関にあるかがわからない場合には，資料の所在を記した総合目録を参照する必要があります。「CiNii Books」などのデータベースでは検索できない古典籍を探したいときには，『国書総目録』やそれらを基にした「日本古典籍総合目録データベース」，「新日本古典籍総合データベース」などが有効です。

バルトン－後藤新平－近代写真技術－濃尾地震－根尾谷断層－浅草 12 階

(社)土木学会附属土木図書館

(現・(公社)土木学会附属土木図書館) （2011 年 4 月，第 179 回）

　バルトンについて調べるきっかけは，江戸東京博物館からの照会だった。『東京の下水道 100 年のあゆみ』掲載のバルトンの写真の出典が土木図書館とあるので，後藤新平生誕 150 年企画展への転載許可を求めてきたのだ。当館にある関連文献を丹念にみていくと稲場紀久雄著『都市の医師－浜野弥四郎の軌跡』（日本下水文化研究会　1993）の中の写真と同じものであることが判明した。（浜野弥四郎：東京帝大でバルトンに学び，後藤新平に請われて，バルトンと共に台湾水道建設にあたる）著者に連絡を取り，江戸東京博物館に紹介して直接許諾を得ていただいた。ここまではよくあるケースだが，バルトンの話はさらにつながっていく。

　同研究会が発行した本の中に，ミルンとバルトンの共著による『The GREAT EARTHQUAKE of JAPAN 1891』が復刻紹介されている。濃尾震災を克明に写した記録写真集で，著名な「根尾谷断層」の写真を含む。しかし，当館所蔵の同写真集復刻版には，この「根尾谷断層」の写真が入っていない。これについては常々疑問に思っていた。バルトンは帝国大学工科大学教授（衛生工学）としてイギリスから招聘されたが，英国王立写真協会会員でもあり近代写真技術を日本に紹介した人物でもあった。明治 24（1891）年濃尾地震発生直後に地

震学者ミルンと組んで被害調査のため現地入りし，多くの貴重な被害写真を撮影していたのであるが，なぜ，地球科学のメッカといわれ内外の文献にも数多く引用されている「根尾谷断層」の写真が当館復刻版に入っていないのか？その謎は，震災関連資料集収集の過程で，村松郁栄他著『濃尾地震と根尾谷断層帯』により判明した。村松はコラムの中で，比企忠が写真展に同写真集を出品したときの説明の一部を引用している。

「出品の写真帖は工科大学お雇い技師で衛生工学を講義しておられたバートン氏が写されたものを時の有名なる写真師小川一真氏がコロタイプ版にしたものであります．当時私も同行していたため，第3葉；名古屋枇杷島町堤防の破裂したところに標尺として立たされました．写真の中央より少し右で材木の2本ある少し上に立っているのが私，理科大学地質学科一年生の俤であります，お笑い願いたし．」（同書 pp. 28-29「コラム1 小藤論文の写真は誰が撮ったか」）。

その写真を小藤文次郎は1892年に自分の論文に掲載し世界的に有名になった。しかし，村松は同写真集1892年初版（当館所蔵の復刻版はこの1892初版と思われる）にこの断層写真がなく，1893年第2版（「日本下水文化研究会」復刻版）で出現していることこそ，バルトン撮影を証明するものだ，としている。

「報告書の最大の目玉であるこの写真を最初に発表するのは東京大学の日本人教授でなければならなかったのであろう．」（同上）。

バルトン研究の第1人者である稲場も，バルトンは自分の撮った写真以外のものには撮影者を明記しており，それがないことは本人撮影を示す，と断言した。

また，比企が指摘する通り，同写真集表紙には小川一真が製版担当（「plates by K. Ogawa」）と記載されている。小川はバルトンの指導の下に日本写真協会を創立するなど，明治20年代に写真製版技術を飛躍的に向上させた立役者であった。明治24（1891）年7月には，浅草12階（別名凌雲閣）で「百美人」写真展を開いているが，この浅草12階の設計はバルトンと当時の新聞記事にある（図面等は不明）。浅草12階は明治から大正にかけて東京浅草のシンボルとなるが，関東大震災で被災し取り壊されることになる。その姿は当館デジタルアーカイブスの「土木貴重写真コレクション」にもみられ，転載許可のリクエストの多い写真のひとつである。

　「『○○図書館蔵』と書いてあったので来ました」と言われてその図版を見ても，掲載元の資料が何なのか判別がつかない……。私も似た経験がありますが，見つからなかったらどうしようかと焦りました。

　今回の事例では，関連する内容の資料の写真を目視で確認していくという地道な方法で，元の写真にたどり着くことができています。

　最初の調査がきっかけとなり，復刻版の謎が解けたり新たな発見につながったり，専門図書館の資料の奥深さを感じる事例です。

　図書館によっては，出版物やテレビ放送に写真・図版を利用したいという問い合わせを受けるところもあると思いますが，掲載履歴をあとで確認できるように，記録にしっかり残しておくことが肝心ですね。

2011.03.11 の東日本大震災関連のレファレンス

公益財団法人吉田秀雄記念事業財団アドミュージアム東京
広告図書館　（2011 年 7 月，第 182 回）

　震災時における広告についてのレファレンスは通常開館した後も続いた。世間的には震災の後，一般の広告が突如姿を消し，AC ジャパンの公共広告に切り替わり，メディアにあふれかえったのは何故なのか。同じものを何度も繰り返し見聞きさせられるのはどうにかならないのか。などの疑問や苦情が伝わってくるようになった。

　この状況を受け，当館には災害時広告関連資料には何があるのか，内容を確認し，国立国会図書館のレファレンス協同データベースに登録する必要があるとの結論に達した（当館はレファレンス協同データベース実験事業の段階・2003 年 12 月から参加してきた）。

　まず初めに当館が所蔵している AC ジャパンが発行した資料にあたってみたが，今回のようにほとんどのメディアが公共広告に切り替えたことがわかる資料には行きあたらなかった。

　次に AC ジャパンのホームページ（http://www.ad-c.or.jp/ ）で探したところ，トップページの「What's New」に 3 件のニュースが載っていた。どの CM も非常時を想定して作られているわけではないので違和感をもたれてしまったこと。震災の臨時キャンペーンを立ち上げる準備をすべてボランティアで実施されたことなどがわかる内容だった。

事例をまとめている作業時，広告関係専門雑誌の最新号に，ACジャパンの広告が多くなった解説記事が目に付くようになった。急いで登録をする必要上，全記事を紹介することができないのでどこかで見切りをつけて，最後に「＊上記以外の雑誌記事は当館のOPAC「雑誌記事索引」でも検索してみて下さい。」と案内することにして以下3件の登録を終えた。

・東日本大震災後，テレビやラジオのCMは「ACジャパン」の広告が多くなっているが，それはどうしてか（登録番号：1000084378）。
・東日本大震災の発生後，日本各地でこれまでに起きた震災時の広告に関するレファレンスを多く受けた。そこで1995年に起きた阪神大震災時の広告や復興で参考になる広告資料について当館の所蔵資料をまとめた（登録番号：1000084390）。
・公共広告とは何か。過去にはどのような公共広告があったか（登録番号：1000085031）。

　私も震災後のACジャパンのCMは今もなお強く印象に残っています。同じCMが流れ続けるという非日常からも，この震災の凄惨さを感じました。調査過程もさることながら，その事例をいかに発信するかという点で参考になります。広告専門図書館としての使命感が伝わってくる事例です。

　これらの事例が登録されたのは，震災約1か月後。十分な解説や調査データが出そろっていない時期だったのではないかと思います。速報性を重視し，この時点で入手できる範囲の情報をまとめており，頭が下がります。きっと他の図書館や一般の方にも役に立ったことでしょう。

震災資料の収集と公開方法について教えて?

神戸大学附属図書館震災文庫 　(2011 年 8 月, 第 183 回)

＜収集＞

　大学図書館では, 図書・雑誌が主たる収集資料ですが, 震災の体験から, 刊行された報告書や論文だけでは, 震災の実態は掴めないという判断のもと, チラシやポスター, レジュメ, ニュースレター, 抜刷, 写真, ビデオ, カセットテープ, 音楽 CD, 地図等, 形態媒体に関係なく資料収集を開始しました。この収集方針は現在も受け継いでおります。

　一つの講演会を例にとりますと, 広報用チラシやポスター, 当日のレジュメや配布資料, 後日刊行される報告書等, 一連の資料をすべて収集するのが理想です。

　新聞記事を日々チェックすると共に, 最近では電子ジャーナルやデータベースも検索して, 可能な限りさまざまな資料から震災の全体像を掴めるよう収集しています。

　構築初期には, 県庁・市役所・商工会議所・ボランティア団体等を回り, 協力や連携を組むことにより, 資料収集がスムーズに行えるようにしました。

　収集した資料は, すべて開架式で閲覧していただけます。図書・雑誌以外に抜刷やニュースレター等も各々の資料にあったファイルや表紙をつけて公開しています。特にチラシ・ポスターのような一枚もの資料と言われる片面あるいは両面に情報が掲載された資料については, 1 点ずつ資料の版型に合わせた透明なハードケースに収納し, 版型別のファイリン

グキャビネットに収めています。ケースには，請求ラベルと磁気テープを貼り付け，閲覧しやすく，またケースのまま複写が可能となっています。

＜公開（デジタル化）＞

「震災文庫」公開当初，被災者の方が自分の家が写っている写真はないだろうかと訪ねて来られました。地震後発生した火災で自宅が焼失したとのことでした。

写真や動画は，被災者だけでなく，防災教育や地震研究に多様に活用して頂けます。1996（平成8）年7月，当館の被災状況を共有し，防災に役立てていただこうと約300枚の写真にキャプションを付けてホームページで公開しました。その後，学生や市民の方から寄贈された写真にも，まず撮影者に日本語のキャプションを付けていただき，それをもとに英語キャプションを付け，著作権処理をして公開しています。画像は世界中で情報を共有していただけるため，二次利用も多く寄せられます。

現在では，地図から写真を検索して閲覧することもでき，利用者が閲覧したい場所を地図でクリックしますと，現在公開している2万4000枚の中から指定場所の写真を閲覧することが可能です。

1998（平成10）年1月，チラシポスターといった一枚もの資料のデジタル化の検討にかかりました。図書・雑誌と同じようにチラシ・ポスターの書誌データを作成し検索できることは珍しいかと思います。しかし，問題もあります。チラシ等を作成する場合，作成者は不特定多数の方々にアピールするキャッチコピーを使います。このため書誌データだけを見た場合，資料内容について勘違いされることが多々あります。

「震災文庫」まで足を運ばなくても，一枚もの資料がインターネットで閲覧できる方法はないだろうかと思い，その実現のため著作権処理とデジタル化を開始しました。個々のチラシ等の著作権者を確定し，権利処理をするには時間と手間がかかりますがデジタル公開には欠かせない作業です。現在，一枚もの資料約 6,000 件のうち，半数をデジタル公開しています。

　震災にかかわる資料はインターネット情報を含め形態を問わず集めるという姿勢はすばらしいです。阪神・淡路大震災で甚大な被害を受けた神戸だからこそ収集すべきコレクションだと思います。志だけではなく，使いやすいようにデジタル化したり，ファイリングしたりという実務的な工夫も参考になります。

　後半はデジタル化の詳細に触れていますが，こちらは日本でのデジタルアーカイブ黎明期といえる 90 年代から活動を続けているとのこと。著作権者一人ひとりと連絡をとって許諾を得る作業は大変なものだと思いますが，そのおかげで現在は，インターネット上でポスターなどの画像が直接閲覧できるようになっています。

　震災文庫，阪神・淡路大震災記念人と防災未来センター，兵庫県立図書館が所蔵する震災関連資料が一度に検索できる震災資料横断検索システムも公開されています。

　東日本大震災に関するデジタルアーカイブでは，複数のアーカイブを一元化した「国立国会図書館東日本大震災アーカイブ（愛称：ひなぎく）」が有名です。「震災文庫デジタルアーカイブ」も参加し，横断検索が可能になっています。

現在の南栗橋駅周辺にあったといわれる沼の名前と位置を確認したい

埼玉県立浦和図書館 （2011年11月，第186回）

　埼玉県立久喜図書館から寄せられた質問です。このような質問は，まず町史や『新編武蔵風土記稿』などから調べますが，『栗橋町史　民俗2』（栗橋町教育委員会　2010）や『栗橋町の歴史と文化財』（栗橋町教育委員会　1982）には沼についての記述や略図はあっても，正確な位置は確認できません。また，『栗橋の地名』（桐生清／著　もじずり叢書刊行会　1994）には，小字としての沼についての記述と略図の他に，その周辺にあった沼についての古老の話が記載されていましたが，やはり沼の正確な位置を確認することはできませんでした。そこで地形図をさかのぼって調べていくと，「迅速測図」の復刻版『明治前期手書彩色関東実測図』（日本地図センター　1991）に沼名の記述はありませんが，沼の痕跡を確認することができました。この地図は1880（明治13）年から1886（明治19）年にかけて陸軍部測量局によって作成された，関東地方の1：20000の地図です。当時採用されていたフランス式軍制にしたがって彩色され，「水田」「楢」などの文字が記されているなど，美しく，当時の様子が伺える貴重な地図です。

　該当の地図には，現在の同縮尺の道路地図と比較すると南栗橋地区に重なる場所に藍色の水表面を確認でき，1か所には「葦」の表記がありました。

　その他にも意外な資料に探していた沼の名前がありました。

『洪水避難地図　洪水ハザードマップ』（栗橋町　2006）には避難場所として探していた沼の名前がついた公園が指定されていたのです。

　この質問をきっかけに，地域資料を防災に役立てていただこうと資料展「知って備える　埼玉防災資料展」を開催し，古い地図もその展示で紹介しました。

　東日本大震災では，県内でも液状化の被害が起きました。そのため自分の住む土地にどのような歴史があるのか，土地の記憶をたどることができる地図に関心が集まり，埼玉資料室に多くのお客様が訪れるきっかけになりました。その様子は新聞やテレビで取り上げられ，こちらの想像を超えてさらに利用が増えました。地域資料は，専門家だけのものではなく，身近な課題解決に役に立つ資料が多くあることを知ってもらうことができました。

　過去の土地の用途や沼，川などの位置については，比較的縮尺の小さい地形図などが活用できますが，細かな地名が載らない地図も多いです。地方史などの文献からも記述を探してみましょう。

　地図の質問では，こんなときにはこの地図，というように，ある程度「型」が決まっています。そのため，あらかじめ所蔵する地図の特徴を押さえて，パスファインダーなどのかたちでまとめておくと便利です。

　ちなみに，液状化や洪水などの可能性が高いエリアを示したマップは自治体で作成・公開していることも多く，「ハザードマップポータルサイト」（国土交通省）などから探すことができます。

　また，この事例をきっかけに展示を開催し，レファレンスから広がりをもたせられたのはすばらしい取り組みだと思います。

育児雑誌のシェアを調べたい

東京都立多摩図書館　（2012 年 4 月，第 190 回）

　30～40 年前から現在までの育児雑誌のシェアを知りたいという学生さんからの電話です。タイトルごとに，どのくらい売上げがあって育児雑誌全体の中で何％のシェアを占めていたかを調べたいとのことでした。また，多摩図書館に資料がない場合は，どこで調べられるかも知りたいという希望でした。

　どのようなデータがどんな資料に載っているのかを紹介して，あとは目的に合わせて自分で加工するよう勧めました。

　1 時間の調査時間をもらって調査し，雑誌の売上統計は，売上額ではなく発行部数で出されているという説明を付して，次のような資料を紹介しました。

(1)　『雑誌新聞総かたろぐ』（メディア・リサーチ・センター）1979 年～年刊

　2011 年版は 1 万 7600 点余の雑誌・要覧を収録。刊行物データの 1 項目として「発行部数」がある。「育児・家庭教育」に分類されている雑誌について調べ，自分でシェア計算可能。都立中央・多摩共に所蔵している。

(2)　『マガジンデータ』（日本雑誌協会）1997 年～年刊

　2011 年版は会員 81 社から届け出のあった 607 誌を収録。「マタニティ・育児誌」9 誌の発行部数を掲載。日本雑誌協会ホームページにも，2008 年 4 月以降四半期ごとの発行部数が掲載されている。質問の時期はカバーできていない。都立で

は 2009 年版以降しか所蔵していない。

（3）『雑誌公査レポート』／『雑誌発行社レポート』（日本
　ABC 協会）年刊／半年刊

　発行社からの部数報告を確認する第三者機関「新聞雑誌公
査機構」のレポート。最も正確で詳細なデータが得られる。
都立は所蔵していない。国立国会図書館に 1992 年版から所
蔵。

　発行部数などの統計を調べる上で，統計データの元となる調
査の対象や方法を確認しておくことはとても重要です。対象や
方法が異なる調査では，自ずと出てくる数字も異なってくるか
らです。ひとつの統計を見つけて「これで OK」と思う前に，こ
の事例のように，複数の統計がないか調べて，それぞれの特徴を
踏まえて紹介するほうがベターです。

　『雑誌公査レポート』の部数は，なぜ「最も正確」といえるか
というと，出版社の自称部数ではなく，監査により認定された実
売部数が掲載されているからです。ただし，ABC 協会に入って
いる出版社のデータしかないので，対象となるタイトル数は限
られています。『マガジンデータ』や日本雑誌協会のホームペー
ジには「印刷証明付き」発行部数が載っていますが，タイトルは
限られています。

　一方，『雑誌新聞総かたろぐ』の部数データは，各出版社に直
接調査をして得られた「自称」の部数のため，正確な部数かは判
別がつきませんが，対象となるタイトル数は多いという特徴が
あります。双方，強みと弱みがあるデータだということがわか
ると思います。なお，残念ながら『雑誌新聞総かたろぐ』は 2019
年版を最後に休刊になりました。

中学生の頃に利用した鉄道の運行時間を調べて，当時の仲間ともう一度旅行がしたい

公益財団法人日本交通公社旅の図書館　（2012 年 8 月，第 194 回）

　首都圏に在住するシニアの男性から届いた葉書は，中学生の頃に学友たちと旅行した際の旅程を知りたい，そして，当時とできるだけ同じ旅程で学友たちとの旅行を企画したいというレファレンスです。また葉書には，男性が記憶している点として，1962 年 8 月，朝 7 時に東京発の特急電車に乗車したこと，名古屋経由で亀山駅に 13 時過ぎに到着したこと，亀山駅にて遅い昼食を取った後，松阪に向かい，夕方に宇治山田に到着したこと，そして翌日に伊勢神宮に参拝したこと等が挙げられていました。

　そこで当館では，まず，当時の時刻表『日本国有鉄道監修時刻表　1962 年 8 月号』（日本交通公社発行）を確認して，男性が利用した路線を調べました（7:00 東京発→［特急こだま第 1 号］→ 11:13 名古屋着，11:40 名古屋発→［関西本線 225 号］→ 13:15 亀山着，15:10 亀山発→［紀勢本線 135 号］→ 16:00 松阪着，16:08 松阪発→［近畿日本鉄道　急行］→ 16:28 宇治山田着）。また同様に，現在の時刻表『JTB 時刻表　2012 年 4 月号』（JTB パブリッシング）から，新幹線を利用した同時刻の東京発の旅程を調べました（7:00 東京発→［のぞみ 203 号］→ 8:41 名古屋着，9:03 名古屋発→［関西本線］→ 10:04 亀山着，10:08 亀山発→［紀勢本線］→ 10:54 松阪着，11:14 松阪発→［近畿日本鉄道　大阪・山田線］→ 11:32 宇治山田着　※ただし，当館は旅行会社ではないため，あくまで

当時の時刻に出発した際の旅程案として提示しました）。

　さらに，当館に所蔵されている三重県伊勢に関する図書・雑誌・資料として，旅行ガイドブック 11 冊（『るるぶ情報版 お伊勢まいり』JTB パブリッシング等），伊勢神宮に関する図書 9 冊（小堀邦夫著『伊勢神宮のこころ，式年遷宮の意味』淡交社等），伊勢を特集する雑誌 44 冊（『一個人　2012 年 4 号』KK ベストセラーズ等），三重県および伊勢市の観光パンフレット数種類をリストアップしました。

　これらの資料（当時の旅程，現在の旅程，旅行に役立つ図書・雑誌・資料のリスト）を男性に郵送したところ，男性は大変満足され，後日，当館を訪れて実際に時刻表等をご覧になって帰られました。

　旅のロマンを感じる素敵な事例です。1962 年には，東京から名古屋まで 4 時間もかかっていたんですね。

　古い時刻表に関する問い合わせは，この事例のように「○年○月の時刻表」など，特定の年月や路線を指定される方が多い印象です。時刻表は，タイトルや出版社の変遷が複雑だったり，さまざまな種類のものがあるため，OPAC での検索はむずかしいです。このため，都立中央図書館ではそれぞれの時刻表に，いつの時刻表が載っているかまとめたレファレンスツールがあり，非常に重宝しています。

　タイトルの取り方や改題の扱いは図書館によってさまざまです。ご自身の館の所蔵状況やデータのつくり方を確認しておくと，スムーズに検索することができます。

作詞者「井上赳」について知りたい

武庫川女子大学附属図書館　　（2012 年 11 月，第 195 回）

　校歌の作詞に関しては，『武庫川学院の名称について：関連
資料の収集と整理（改訂版）』（友田泰正編著　武庫川学院）のな
かで，本学の創設者・公江喜市郎が井上赳に依頼し，1942（昭
17）年に完成したことが明らかになっています。大学の近く
を流れる武庫川と鳴尾地域一帯が「文学に名高く，和歌，謡
曲を通じて親しまれた」土地柄であることを意識して作詞し
たとありました。

　まずは基本的な各種人名辞典からあたったものの掲載され
ておらず，結果として『新訂増補　人物レファレンス事典：
明治・大正・昭和（戦前）編』（日外アソシエーツ）と，『人物研
究・伝記評伝図書目録：日本人・東洋人篇』（図書館流通センタ
ー），『伝記・評伝全情報：日本・東洋編』（日外アソシエーツ）
により 3 冊の評伝が出版されていることを確認し，総じて以
下の略歴を把握しました。

　「いのうえたけし。1889（明 22）年 7 月 23 日〜1965（昭 40）
年 11 月 8 日（異説：7 月 20 日）。島根県松江市出身。東京帝国
大学文科大学国文学科卒。昭和期の国文学者，国語教育者。
1921（大 10）年，文部省図書監修官に任ぜられ，国定国語教科
書を編集。」

　前述の評伝 3 冊のうち，『サクラ読本の父　井上赳』（藤富
康子著　勉誠出版）と『サイタサイタサクラガサイタ：小學國
語讀本の編纂者井上赳評伝』（藤富康子著　朝文社）は所蔵して

210

いましたので,「年譜」「井上赳作教材・作品目録」「参考資料」を確認することができました。本文では,井上の出生から人柄,「サイタ　サイタ　サクラ　ガ　サイタ」で有名な『小学国語読本（通称『サクラ読本』)』が編まれるまでの詳細な経緯を知ることができます。校歌の作詞者であること以外にも,教育学科をはじめとした教職を目指す学生にとって大変有意な資料と思われましたので,未所蔵の 1 冊『サクラ読本追想』(藤富康子著　国土社) についても購入し,蔵書といたしました。

ひと通り人名事典をあたってみるというオーソドックスな調査手法です。もし,調べたい人物が「文学者」や「物理学者」などに分類できる場合は,その分野に特化した人名事典がないか調べてみるのも手です。

　井上赳は,文学者であるとともに,文部官僚,国会議員としても活躍した経歴のある人物だそうです。肩書きが多い方ほど,いろいろな切り口での調査が考えられます。

　官僚などの公務員に関する情報は,官庁職員の人事情報をまとめた職員録等に記述があるかもしれません。戦前期の職員録は,「国立国会図書館デジタルコレクション」でインターネット公開されています。また,国会議員などの政治家は,議員要覧(議員の名簿) や,政治家に関する人名事典に情報がある可能性もあります。こちらも古いものは上述のデジタルコレクションで閲覧できます。

　ちなみに,この事例で活躍している日外アソシエーツは,多様な分野のレファレンスブックを続々発行している出版社なので,刊行情報をチェックしてみてください。

91

ハイドンの弦楽トリオ Op.53 の楽譜と
録音資料を探している

愛知芸術文化センターアートライブラリー （2013 年 1 月，第 197 回）

　当館の蔵書データベースでは，人名典拠の他に，音楽作品に関する曲名典拠を作成している。作曲者名と作品番号だけで簡単に CD や楽譜を探し出すことが可能である。

　まず，業務用検索機に「作曲者名：ハイドン，作品番号：Op.53」と入力して曲名典拠検索をしたが，ノーヒット。そこで，『クラシック音楽作品名辞典』（井上和夫編　三省堂　2009）を調べると，Op.53 は弦楽トリオではなく，ピアノソナタの 17 番〜19 番に該当し，17 番は別人が作曲したとの記述があった。

　次に，曲名典拠機能を使わず「人名典拠：ハイドン，全文検索：Op.53」で再度検索してみると，「3 string trios Haydn」（Philips SAL3782, 802905LY）という LP がヒットした。質問者に確認のため試聴してもらうと，この曲で合っているとのことだった。LP の解説を見ると，「この作品はピアノソナタの 40 番〜42 番と同じ」とあった。

　『クラシック音楽作品名辞典』と情報が異なっているので，別の参考図書でも調べてみることにした。ハイドンの作品目録『Joseph Haydn:Thematisch-bibliographisches Werkverzeichnis』（Anthony van Hoboken 編　Schott　1957）によると，ハイドンのピアノソナタ 40〜42 番は，弦楽トリオに編曲され，作品 53 や作品 41 などと番号が付けられて楽譜が出版されていたとあ

った。『クラシック音楽作品名辞典』で Op.53 とされていた
ピアノソナタの 17〜19 番に関しては，Artaria という出版社
から，作品 53 として楽譜が出版されたとの記述があった。

　実は，作品番号は 1 曲につき 1 種類とは限らない。後の複
数の研究者などが，それぞれ独自の番号を付ける場合がある。
かつては，ハイドンの作品番号も Op.○○ となっていたが，
番号の付いていない作品があるなど，不完全な状態だった。
そのため，作品目録の編者ホーボーケンが 20 世紀中盤に作
品を分類し直し，新たに番号を与えた。今日では，この「ホ
ーボーケン番号」（Hob.）を使うのが一般的であり，当館でも，
Hob.でハイドンの曲名典拠を作成している。

　ピアノソナタ 40〜42 番のホーボーケン番号は，作品目録か
ら Hob.XVI40-42 と判明した。この番号で再度，曲名典拠検
索機能を使うと，ピアノソナタ 40〜42 番原曲とピアノソナタ
40〜42 番編曲の二つの典拠がヒットした。弦楽トリオはピア
ノソナタから編曲されたものなので，編曲の方を選択して検索
すると，弦楽トリオの楽譜 1 冊と前述の LP を含む 2 点の LP
がヒットした。楽譜『Three trios for violin, viola and cello』
（International Music）の表紙には Op.53 という表記もあった。

　当館では，音楽に関するレファレンスが全体の半分以上を
占める。曲名や作品番号の情報があいまいな質問も多い。曲
名典拠の維持管理は多大な労力を要するが，必須のツールと
なっている。

　所蔵資料の特色に合わせて，独自の典拠データを活用してい
る事例です。事前に書誌データの紐づけを進めておくことは，
レファレンスに利いてくるポイントだと思います。

92

専門 NDC375・910

玄米はいつ「三合」に変えられたのか?

国立教育政策研究所教育研究情報センター教育図書館

（2013 年 5 月，第 199 回）

　戦後すぐの中学校国語教科書に，宮沢賢治の「雨ニモマケズ」が掲載されていたのをご存知でしょうか？しかも，「一日ニ玄米四合ト」という部分があるのですが，そこを「一日ニ玄米三合ト」に修正していたのです。この「三合」に修正されたものが見たい，という問い合わせは，時々寄せられます。掲載されているのは昭和 22 年初版の文部省著作教科書『中等国語一（1）』ですが，当館の調査で昭和 23 年発行のものまでは「三合」，昭和 24 年 1 月発行のものからは「四合」に戻っていることがわかっています。

　さて，今回もこの「雨ニモマケズ」の「三合」が見たいというレファレンスが来ました。いつも通り『中等国語』を提供しようとすると，戦後ではなく戦中のはずだ，とおっしゃいます。これは思いがけないことでした。「勘違いでは？」と思いましたが，典拠を聞いてみると，なんと，井伏鱒二『黒い雨』に「戦中の国定教科書に宮沢賢治「雨ニモマケズ」の詩の一部「一日ニ玄米四合ト・・」が当時の米の配給量と睨み合わして「玄米三合ト・・」と改訂されて掲載された」とあるではありませんか。

　ここで，国定教科書の目次調査を行いました。中学校で国定教科書と言えるのは，『中等国文』（昭和 18～20 年発行）だけなので，現物の目次調査を行いましたが，「雨ニモマケズ」は

214

掲載されていません。中学校ではなく小学校だった可能性もありますので、小学校尋常科は『国定教科書内容索引』で、高等科は当館で作成した「内容索引」でも調査しましたが、やはりありませんでした。

そこで、Web で検索してみたところ、「教育面における「賢治像」の形成」という論文からの引用が見つかりました。戦後最初の教科書を編集した石森延男が、終戦前に使用していた国語教材とは全く違った基準によって資料を選ばなければならず、「雨ニモマケズ」を中学生のために採用したとあります。また、GHQ から「玄米三合」に修正するよう指示され、石森延男が宮沢家に了解を取りに行ったと。残念ながら、この論文そのものの所蔵がなかったのですが、ここから推測されるのは、やはり、戦中ではなく戦後最初の教科書（文部省著作教科書）で「雨ニモマケズ」が採用された、ということでした。

結局、質問者には井伏鱒二が間違うはずがない、と納得していただけなかったのですが、論文を入手できなかったため、当館での調査はここまでとなりました。井伏鱒二に典拠を聞けたらいいのに、と思います。

いろいろと調べたものの「諸説あり」という事例。「諸説ある」ということを利用者に知ってもらうだけでも、レファレンスの役目を果たせているのではないかと思います。レファレンスの心得として先輩職員から教わった中で、「複数の根拠を示すこと」、「利用者が求めるものと異なる主張の内容の情報も提供すること」があります。複数の情報を提示した上で、何を選択するかは利用者に委ねるという姿勢を心がけています。

「日々徳用倹約料理角力取組」の中で
豆腐料理はどれか?

味の素食の文化ライブラリー　　(2013 年 8 月，第 202 回)

　当館の錦絵コレクションの一つ「日々徳用倹約料理角力取
組」(絵師・刊行年不明) のデータ貸し出しに付随した質問であ
った。この絵は，「毎日つくるお徳用で倹約のできる料理を
相撲番付の形で書いた」もので，右側が「精進方」，左側が「魚
類方」で，大関から幕下までランキング順に料理名が記され
ている。豆腐料理は「精進方」にいくつかあるように見えた
が，筆文字のような書体で書かれ，ランキングが下になるほ
ど文字が小さく読みにくいのが難点で，当館もそこまで詳し
くこの絵の解説を準備していなかった。

　そこでまずは，豆腐に関する図書の約 110 件から，歴史的
な記述のある本を選び，挿絵としてこの絵の掲載がないかを
調べた。(なかったので) 次に浮世絵・錦絵関連の図書約 20 件，
さらに番付関連の書籍から関係ありそうなものとして『江戸
明治庶民史料集成 番付集成 (上・下)』(柏書房　1973) を調べ
た。この本は，食に限らず，さまざまなジャンルの番付 350
点の絵と解説が掲載されている大型本で，すべてを見たが，
残念ながらここにも掲載はなかった。

　最終的に，江戸の庶民の料理という分野で探したところ，
『江戸のまかない─大江戸庶民事情』(石川英輔著　2002) に
「日々徳用倹約料理角力取組」の解説が掲載されていた。こ
れによると，「精進方」の大関は「八はいどうふ」(八杯豆腐)

で，関脇は「こぶあふらげ」（昆布油揚げ）という昆布と油揚げの煮物。前頭二枚目は「焼きとうふ吸したじ」（焼豆腐吸下地）で，焼豆腐を実にしたすまし汁。前頭三枚目は「ひじき白あい」（ひじきの白和え），六枚目は「あぶらげつけ焼」で油揚げに醤油をつけて炙ったもの。ここまでが四季を問わない＜雑＞の部で，その先は四季おりおりのおかずになる。＜春＞の最初が「けんちん」（巻繊）で，油で炒めた豆腐やささがきごぼうが入るご存知のけんちん汁で，さらに「人参の白和え」，＜秋＞の部には「山かけ豆腐」，「炒り豆腐」，「あんかけ豆腐」，「擬製豆腐」が続き，＜冬＞は「湯豆腐」「こんにゃく白和え」「うど白和え」「切り干し白和え」，そして「お事汁」（大根，こんにゃく，ごぼう，人参，豆腐などを入れたみそ汁で，その年の農作業の終わりを祝って食べるもの）が最後に見られた。この本は料理名だけでなく，料理の説明まで添えられているのがありがたい。これを手がかりに，さらに確認のために，現代語訳と再現写真が掲載されている，新潮社とんぼの本の『豆腐百珍』（福田浩・杉本伸子・松藤庄平著　2008）を参照にして，内容や作り方を確認した。

　このような質問は自館の資料をあらためて見直し，理解を深める上でも大変ありがたいものだと思っている。

　「番付」，「江戸の食」，「豆腐」という３つのアプローチからの調査。料理名の読みを特定するだけでなく，それがどのような料理か，作り方まで調査を深めている点が丁寧です。

　この事例のように，古典的な資料の内容や，「昔の文字が読めない」と聞かれたときには，現代語訳や解説書が存在していないか，まずは探してみましょう。

関あじ・関さばがいかにブランド構築を行ってきたか知りたい

愛媛県立図書館　（2014 年 6 月，第 210 回）

　愛媛県南部の市が主催する創業セミナーに当館の職員が講師として招かれたときに，そのセミナーの受講生で水産物販売会社の創業の準備を進めている方から受けたレファレンスでした。大分県と愛媛県の間にある豊予海峡のあじ・さばは，大分県の佐賀関で水揚げされるものは「関あじ・関さば」のブランドで，愛媛県側で採れるものより高値で取り引されています。ご質問はどのようにブランド構築がなされてきたのか，その経緯が知りたいとのことでした。

　まず，当館が所蔵する『水産物ブランド化戦略の理論と実践』（婁小波ほか／編著　北斗書房　2010）に「第二創業期を迎えた「関さば・あじ」のブランド化戦略」という章があり，関あじ・関さばがいかにブランドを確立させてきたのかを経営組織とブランドマーケティング戦略から論じています。また，「地場産品の地域ブランド化のために」（笹原博／著　『信金中金月報』第 2 巻第 14 号　2003.12 所収）には地域ブランド化取組事例の一つとして関あじ・関さばが紹介されており，品質の保証，消費者認知度の向上，費用と効果，今後の展望・課題が簡潔にまとめられていました。次にインターネット上で公開されている大分県漁業協同組合佐賀関支店の紹介記事「商標登録で関あじ・関さばをブランド化　15 年でさばの浜値が 10 倍以上に」（岡本喜七郎／著　『月刊地域づくり』第 159 号　2002.

9所収）を紹介しました。さらに国立国会図書館のNDL-OPAC雑誌記事索引を使って当館が所蔵していない雑誌の関連記事のリストを作成しました。これらの回答と合わせて最寄りの図書館を通じて取り寄せ（借り受け，コピー依頼）できることもお知らせしました。依頼者の方からは，「とても素晴らしい内容で，大変うれしく思いました。」とのお言葉をいただくことができました。ビジネス支援は水産業にも貢献できることに気づかされたレファレンスでした。また，レファレンスに対する県民の方々のニーズはまだまだ掘り起こすことができると思いました。

ビジネス支援に力を入れているという図書館の事例です。図書資料だけではなく，雑誌記事も重点的に調査している点がよいと思います。雑誌には，事例研究のような記事が多くあるので，このようなレファレンスでは役立つと思います。また，他館から入手できる記事の情報も提供し，丁寧な対応です。

今回は調査対象があらかじめ指定されていますが，「ブランド化ってどうやったらいいの？」という漠然とした質問を受けた際にも，ブランド化一般に関する資料を紹介した上で，やはり今回のように実際の成功事例を紹介することになると思います。

実際にビジネスを立ち上げるという段階では，商標やプロモーションなどについても情報提供できるとよいかもしれません。

『紫式部日記傍註』を閲覧したい

広島大学図書館　（2014年9月，第213回）

　他大学の研究者から『紫式部日記傍註』を閲覧したいとの依頼がありました。『国書総目録』で所蔵が"広島大"となっていたとのことでしたので，『国書総目録』を確認すると，確かに『紫式部日記傍註』に"広島大"の記載があります。

　しかし，『国書総目録』で所蔵が"広島大"となっていても，現在，広島大学に所蔵が無い古典籍もあります。というのは，『国書総目録』の所蔵は，戦前の前身校の一つである広島文理科大学時代に作成された手書き目録（未刊行）が原稿になっているのですが，昭和20（1945）年8月の原爆投下により，附属図書館の蔵書は，疎開図書9万冊を除いてすべて焼失したため（『広島大学二十五年史』より），現在では利用できない資料があるからです。（＊刊行された目録としては昭和8（1933）年刊『廣島文理科大學和漢圖書目録』が国立国会図書館デジタルコレクションでインターネット公開されています。）

　まず，該当資料の所蔵を確認するため，以下の冊子目録，データベースに『紫式部日記傍註』が掲載されているかを調べます。これらの目録は図書館の既存のカード目録とは別に所蔵確認と目録の再作成がされた資料が収録されており，現在の所蔵情報が比較的容易に確認できます。

①『広島大学蔵古代中世文学貴重資料集：翻刻と目録』（位藤邦生編，笠間書院，2004）

②広島大学蔵近世文学書目録稿（一）〜（二十一）『鯉城往来』

vol.1-21, 1998-2018

③「日本古典資料調査記録データベース」国文学研究資料館

①には中央図書館貴重資料室及び和装資料室に所蔵している広島大学文学部国文学研究室旧蔵の古代中世文学の貴重資料が収録されています。②は本学文学研究科久保田啓一教授らのグループの尽力により作成中の近世文学の目録で，中央図書館貴重資料室の所蔵資料が収録されています。広島近世文学研究会が発行する雑誌『鯉城往来』に創刊号（1998）から毎号掲載されており，現在も続編が刊行中です。③は中央図書館和装資料室および貴重資料室所蔵の古典籍約 1,900 点が登録されています。検索の際，検索キーワードに加えて「広島大」と入力すると絞り込みができます。

今回の『紫式部日記傍註』は①に掲載されており，中央図書館貴重資料室に所蔵があることが確認できました。ちなみに，前掲書に掲載がない場合は，研究室発行の所蔵目録の確認に加えて，カード目録（通称「文理大焼け残りカード」）で戦災による焼失を免れているかどうかを調査します。この時点で，所蔵が確認できない資料は残念ながら現存しないためご利用いただくことができません。

『国書総目録』に記載があっても，現存しない資料があるため所蔵を確かめたという事例。作成中の目録までフル活用して，確実に所蔵しているということを突き止めています。
【事例執筆館より】本文中の②・③の情報は，現在の情報に更新しました。該当箇所は下線部分です。

96

製糸業, 製糸金融の統計が見たい

ライブラリー 82 （2015 年 6 月，第 222 回）

　八十二銀行は長野県の製糸業と共に発展しました。明治・大正期には繭や生糸を担保に製糸資金を貸し付ける製糸金融に力を入れていました。そうした経緯もあり，当館では製糸業資料，製糸金融資料を取りそろえています。

　富岡製糸場が世界遺産に認定されてから，製糸業について興味をもたれ，来館されるお客様も増えています。特化した分野なので，ここにしかない資料を目指して来館いただいています。また，利用者と図書館は良い関係を築けることが多々あります。以前から製糸業の研究をされているお客様から，群馬県で出版された製糸に関する本を紹介していただいたことがありました。県外の地方の出版情報は入手しづらいものですが，おかげで蔵書が充実しました。また，当館で調査した内容を本にしたお客様から本を寄贈していただくこともあります。これから研究を始める方にとってもありがたいことです。図書館には，知識や成果を集積し，次世代へ引き継ぐ社会的責任があることを肌で感じています。

　この分野のレファレンスで多いのが統計資料の調査相談です。以前「明治時代から戦前の生糸輸出出荷高の統計を知りたい」とのレファレンスがありました。古い時代の統計ならこれと思い，『日本帝国統計年鑑　第 1 − 59 回』（内閣統計局／編　東京リプリント出版社）の中から必要年度をご紹介しました。これらの資料は，我が国最初の総合統計書であり，現

在刊行されている『日本統計年鑑』まで続く1世紀以上の歴史がある資料です。当館では「人口」,「銀行及び金融」などをレファレンスでたびたび利用しております。

　このレファレンスからしばらくして,別のお客様から明治時代の製糸場の工場数が知りたいとレファレンスがあり,『日本統計年鑑　復刻版』もあたってみましたが記載されていませんでした。書架を見て回ったところ,『蚕糸業要覧』(農林水産省農蚕園芸局／編　日本蚕糸新聞社)を見つけてご紹介しました。よく中を確認してみると,この資料の中にも生糸輸出数量があり,1868(明治元)年から1952(昭和27)年までの生糸輸出数量が見開き4ページで見やすく掲載されていました。以前のお客様にこちらも紹介できていればと悔やまれます。古い資料の書誌は検索をしてもヒットせず非常に焦ります。今回のように何度も聞かれる内容の資料は,日頃から手にし,実物から情報を得ておくことが本当に大事だと感じました。

　日本の統計を調べるときに,『日本帝国統計年鑑』や『日本統計年鑑』といった総合的な資料はまず見ておくべきものです。これに加え,よりディープな情報が載っている各分野の資料も必見です。

　古い資料は検索でなかなかヒットしないとのことですが,データを追加入力してもよいかもしれません。よく聞かれるテーマについては,現物を見て内容を把握し,パスファインダーを作成しておけば,喜ばれるのではないでしょうか。

97

最近の化粧の歴史を知る

ポーラ文化研究所ポーラ化粧文化情報センター

〈2015 年 10 月，第 226 回〉

　1980 年代くらいから現在の化粧史の概略を知りたいという質問でした。

　ファッション史の一部として，化粧や髪型が取りあげられている資料はありますが，化粧だけを歴史書としてまとめたものは，残念ながらまだありません。このようなときに活用するのが，女性雑誌です。縦覧が基本ですが，卒業論文やレポートなど，時間がないというときにお勧めなのが，女性雑誌の周年特集号です。最先端のファッションやライフスタイルの情報が満載の女性雑誌ですが，周年特集として過去のトレンドを振り返って掲載することがあります。たとえば，『Oggi』（小学館）2012 年 10 月号では，創刊 20 周年特集の記事の中で，1992 年から 2012 年までのメークの流行を見開き 2 ページ掲載しています。また，周年記念号は創刊号からの表紙を掲載することも多く，髪型や眉の太さ，アイメークや口紅の色など，化粧の流行を知る手がかりとなります。残念なことにさまざまな事情で休刊を余儀なくされる女性雑誌も少なくありません。そんな休刊号にも創刊号からの表紙が掲載されることがあります。今回あくまでも主流の化粧ではありませんが，と断って紹介したのが『egg』（大洋図書）の 2014 年 7 月号休刊号です。1990 年代に社会現象となったヤマンバメークを含む表紙写真 213 冊は圧巻です。

このほか，『ELLE JAPON』（ハースト婦人画報社）の2014年11月号では「あなたとエルの25年クロニクル」で，25年間の化粧のトレンドを紹介しています。女性雑誌は読者層を細かく設定して刊行しているので，年代やライフスタイルごとに質問者が必要な情報を見極めた上での情報提供をしています。

　では，同時代化粧品業界がどのような動きをしていたのかということが問題になります。戦後とくに1980年代以降は，化粧の流行はメーカー主導ともいわれ，発売される化粧品にも大きく左右されました。業界年鑑がいくつか刊行されていますが，1980年代からそろう資料として，週刊粧業から刊行されている『Cosmetics in Japan』を紹介しました。スキンケアやメーク，ボディとカテゴリにわけての化粧品業界の動向と，主だったメーカーがその年に発売していた化粧品が掲載されており，化粧品の流行を，メーカーサイドから確認ができます。

　また，メークの変遷に関連して，眉メークと景気の関係についての質問も多く受けます。残念ながらはっきりとした関係は不明です。眉の流行をまとめたものとしては，『CanCam』（小学館）2014年12月号の眉メークの記事に「前髪と眉から考える時代背景と女性像」として1980年代以降の傾向がコンパクトにまとめられており，こちらを紹介するにとどめました。

　雑誌の周年特集をこのように使うとは，さすが専門図書館のレファレンスです。私自身，女性誌の「周年特集」にこのような記事が載っているとは知らず，勉強になりました。

エリアマネジメント,特に道路の利活用に関する新しい事例が掲載されている資料はないか

名古屋市鶴舞中央図書館　（2015 年 12 月,第 228 回）

　名古屋市図書館では,2014（平成 26）年 6 月に名古屋市役所庁内向けのネットワーク上に「名古屋市職員のための図書館のページ」を開設し,行政支援の取り組みを拡充しました。パスファインダーの紹介,図書館使いこなし入門（新規採用者研修用資料）などをコンテンツとしていますが,中でも「庁内向けレファレンス」は開始当初から順調に利用されており,昨年度は 10 か月間で 132 件もの電子メールや電話による申し込みがありました。

　紹介事例はその庁内向けレファレンスに寄せられた依頼です。新しい資料をとのことでしたので,およそ 5 年をめどに所蔵資料を検索し,「道路の利活用からみたエリアマネジメントの方向性について:名古屋都心部に焦点をあてて（岩田哲明／著）」が掲載されている『アーバンアドバンス No.61』（名古屋まちづくり公社名古屋都市センター　2013）など 3 冊を紹介しました。

　さらに国立国会図書館サーチ,CiNii Articles,CiNii Books を利用し,調査を続けました。上記の『アーバンアドバンス』を発行している名古屋都市センターは,都市計画・建築・交通等まちづくりに関する図書や,主要都市の総合計画などの行政資料,研究機関・シンクタンク等の調査研究報告書などを収集している「まちづくりライブラリー」を設置しており,

目次や特集記事からも検索できる Web OPAC を公開しています。これらを検索した結果，10点の雑誌記事を見つけることができました。残念ながら当館で所蔵している雑誌はありませんでしたが，それぞれまちづくりライブラリーや愛知県図書館が所蔵しており，どちらも名古屋市役所から近く，雑誌の閲覧・複写が可能であることを伝えました。

　他にも「駅の空間形成検討のために世界の駅の写真を見たい」「1964（昭和39）年東京オリンピックの聖火リレー実施時の新聞記事を見たい」「予防接種に関する資料がほしい」など，庁内レファレンスを通して，名古屋市行政が市民のために幅広い業務を展開していることがよくわかります。普段は図書館に来館される方とのやりとりが中心ですが，庁内レファレンスを通じて名古屋市行政の業務を支援することで，来館されない方の役にも立っているのではないかと手ごたえを感じています。

　行政支援サービスの事例です。私自身，依頼する側に異動して，他自治体の事例収集のニーズが高いように思います。

　エリアマネジメントの新しい事例を，ということで雑誌記事を中心に提供しています。最新の事例となると，有力なのは雑誌記事。図書よりも速報性があり，個別の例が多く載っています。

　また，この事例では，近隣の専門図書館をチェックしている点もよいと思いました。近隣にどういう機関があるか，その機関はどのような特徴があるか等は確認しておきましょう。

99

江戸時代の時刻と時の鐘について知りたい

東京都江戸東京博物館図書室　　（2016年1月，第229回）

　最初は「七つ立ちの"七つ"は今の何時？」という電話での質問でした。江戸の時制は定番レファレンスのひとつです。

　江戸時代以前一般に用いられた不定時法では，日の出日の入りを基準に昼夜をそれぞれ6等分し，子・丑・寅…と十二支で時刻を表しました。江戸時代には各地に置かれた時の鐘が一日に12回時を報せるようになり，九つ，八つ，七つ…とその打数による時刻の呼び方も普及します。時刻の仕組みをわかりやすく図示した図書は『江戸時代館』（小学館　2002年）ほか多数出版されており，回答に役立つページはカウンターバックにファイルして迅速に対応できるようにしています。『事典しらべる江戸時代』（柏書房　2001年）から季節毎に時刻にずれが生じる不定時法の概念や"冬至の暁七つは午前4時1分，夏至では午前2時27分"という数値を案内したところ，「時の鐘の数は？」「鐘を撞く人はどうやって正しい時刻を知ったの？」「時の鐘の時報だけで困らなかったの？」…と，ひとつの回答がさらなる疑問を呼び，新たな質問が次々と繰り出されました。

　職員間で共有している過去のレファレンス記録には，江戸の時の鐘は9〜11か所の各説あり（『大江戸テクノロジー事情』（石川英輔著　講談社　1992年），『江戸東京学事典』（三省堂　1987年），『暦の百科事典　2000年版』（暦の会編著　本の友社　1999年））との回答例。念のためいったん電話を切り，時の鐘に関する

研究書『江戸の時刻と時の鐘』（浦井祥子著　岩田書院　2002 年）に当たるとさらに数か所の時の鐘を確認できました。同書には時の鐘の多くが機械式和時計や香時計を所有していたこと，上野→市ヶ谷→赤坂→芝の順に前の捨て鐘を聞いてから撞き始めるよう幕府が定めていた（「享保撰要類集」）こと等も記されています。江戸時代の時刻制度のさまざまについては，『日本の時刻制度』（橋本万平著　塙書房　1966 年）に詳述があります。

　石町の時の鐘は江戸時代の梵鐘が中央区十思公園に今も残され，当館常設展示室ではその複製を展示。上野寛永寺の鐘は現在も朝夕 6 時と正午に時を告げています。現物の体験もおすすめして回答を終了しました。

　過去のレファレンス記録から迅速に情報提供を行った上で，追加調査から，さらに一歩進んだ情報を見つけ出しています。

　鐘の複製が置いてあるというのも，史料そのものを扱う博物館ならでは。現存する鐘も紹介しており，質問された方も，江戸時代から現在までの歴史のつながりを実感されたのではないでしょうか。

　この館では，レファレンス記録と，よく参照する資料のページのコピーを職員間で共有しています。これにより誰でも迅速に対応することができますね。

　みなさんの館ではどのような工夫をしているでしょうか。一人職場なのか複数名がレファレンスを担当するのかによっても，工夫のポイントは変わってきそうですね。

1945 年前後昭和天皇が使用していた車は何か

トヨタ博物館ライブラリー（現・トヨタ博物館図書室）

（2016 年 7 月，第 235 回）

　皇室専用の御料車についての質問でした。「御料車」とライブラリーシステムで検索すると，『天皇の御料車』（小林彰太郎編　二玄社　1993 年）という書籍がヒットしましたので，こちらを紹介しました。

　お客様と書籍を確認し，その頃の昭和天皇の御料車は「メルセデス・ベンツ 770 "グローサー"」ということがわかりました。1931（昭和 6）年から 10 年にかけて 7 台（1932 年製 4 台，1934 年製 3 台）が輸入されたそうです。その書籍にはさらに詳しく，このメルセデス・ベンツは溜色であり，赤坂離宮の車庫で空襲により焼失した 1 台を除いては，すべて無事に第二次世界大戦を生き抜いたと記されています。そして 1969 年まで，実に 35，6 年の長きにわたって忠勤を励んだと本文に添えられていました。

　御料車については決して多くはありませんが，定期的に問い合わせがあるキーワードです。また，今回お客様に紹介した書籍の編者である小林彰太郎氏は，『CAR GRAPHIC』（カーグラフィック）という自動車雑誌の初代編集長を務めていた日本を代表する自動車ジャーナリストです。当館の展示についてもいろいろアドバイスをいただいており，その縁で当館では小林氏の自動車写真展を開催し，天皇の御料車に関する写真も多く展示しました。お客様に紹介する書籍が当館とつ

ながる方のものだと，会話もどんどん広がっていきます。また，この写真展を記念に出版した『昭和の日本　自動車見聞録』（小林彰太郎著　トヨタ博物館　2013年）にも終戦前後の御料車についての細かい記述と，当時の貴重な写真が多数掲載されていましたので，合わせて紹介しました。

　自動車博物館資料室の事例です。専門家と濃いつながりがあるのは，さすが専門図書館です。ちなみに，専門図書館の本や美術館の図録などはレファレンスに役に立つことが多いのでぜひチェックしてみてください。
　このほか，当時の新聞記事が何かないかと＜天皇　ベンツ＞，＜御料車＞といったキーワードでいくつかの新聞データベースを検索してみたところ，読売新聞でこんな記事が見つかりました。
　「[サンデートピック]引退するアズキ色のベンツ」（読売新聞1961年（昭和36年）5月21日　夕刊4ページ）
　ベンツを地方旅行に使うのはやめて，都内専用にするという記事で，これまでの御料車の歴史を振り返る内容も。この自動車について，「乗りごこちは決してよくありません」との侍従長のコメントもあり，長く愛用された車が引退間際にどのような様子だったのか想像することができます。

事例から見える
レファレンスサービスの現場

　100 のレファレンス事例を 5 つの観点に分けご紹介しました。実にさまざまなジャンルの質問が図書館に寄せられていることが実感いただけたと思います。これらの事例を通して，幅広いジャンルにアンテナを張ること，時事的なトピックをきちんと押さえておくことも大事だということがわかるかと思います。

　今回ご紹介した事例は各館のみなさんが力を入れて取り組んだ質問が多かったと思います。日頃から，このような込み入った質問ばかり寄せられるというわけではないかもしれません。

　また，文章にするとスッキリまとまって見える事例でも，実際に調べているときは，試行錯誤を重ねようやく最適な資料にたどりついたということもあると思います。

　それでも，100 題すべての事例を通して，一つ共通することがあると感じました。それは，「利用者の知りたいことに対して，真摯に向き合い，支援したいという気持ち」です。ご紹介した事例では，利用者が求める情報を見つけられなかったものも少なくありませんでした。このような場合，「利用者の方に何か持ち帰ってほしい」，「代わりに何か提供できないか」等と考え，対応していました。これも大事なレファレンス力だと思います。

　また，これを読んでくださった図書館利用者の方が「こんなことも聞けるんだ！」と思ってくださり，「知りたいときには図書館！」という感覚で，レファレンスサービスを利用してくだされば嬉しい限りです。ちなみに，わざわざ図書館に行かなくても，メールや電話で質問を受け付けている図書館も多くあります。図書館は，みなさんからの質問を待っています。

第 **Ⅲ** 部

レファレンス
サービスは
永久に不滅です

まとめの第Ⅲ部で，あえて問います。
「レファレンスサービスは必要でしょうか？」
第Ⅰ部で登場したベテラン司書（H）と中堅司書（M）が
「レファレンスサービスのこれから」について語ります。

レファレンスサービスの意義を問う

1.1 世間とのギャップ

M：一昨年（2018年）くらいでしょうか，ネット記事で都立中
央図書館のレファレンスサービスが紹介されました。けっ
こう詳しく，丁寧に紹介されていた印象です。記事の最後
にある，自由に書き込めるコメント欄に「図書館ってすご
いですね！」というコメントがあった一方で，「ggrks（ぐぐ
れかす）」（インターネット検索しなさい，の意）[1] といったコメ
ントもあり，ちょっと悲しくなりました。

H：確かにインターネットで検索すれば何かヒットすること
が多くあり，調査の手始めなどに有効です。第Ⅱ部でもイ
ンターネットを活用する事例の章を設けたとおり，インタ
ーネット情報の重要性は増しています。

M：私自身，普段何か調べようと思ったとき，ネット検索で
事足りることも多くあります。ググって出る範囲で十分と
思っている人も多いんだろうなと突き刺さりました。

　図書館関係者にとってレファレンスサービスは大事です
が，関係者以外はそうでもないんだな……と。このギャッ
プを図書館員は知っておくべきだと思います。

1.2 インターネットの魔力

M：今やスマートフォンでいつでもどこでも瞬時にさまざまな情報を入手することができるようになりました。鉄道路線や気象情報など，リアルタイムの状況を知りたいときは，インターネット検索の方がよい場合もあります。レファレンスサービス，特に質問回答サービスがなくても，先ほどの「ggrks」のように，インターネットで何でも検索できるのではないか？ と思う方も多くいます。

H：キーワードを入れれば何かヒットするという意味では，「インターネットで何でも検索できる」という言い方もできるかもしれません。それを受け止めた上で，ググって情報を得ることとレファレンスサービスを通して情報を得ることとの違いを考えてみましょう。

M：どんな違いがあると考えますか。

H：日常的にレファレンスカウンターで経験していると思いますが，質問者が求める内容やレベルは実にさまざまです。2〜3冊紹介した後，別の面からも調べますと言うと，もう十分ですと言って帰られる方もいます。図書館員と話すことそのものが目的のような場合もあります。利用者の質問に対し，レファレンスインタビューをとおして，漠然とした情報要求を顕在化・明確化し，多方面から資料を探し出すのが図書館員だと意気込んでも，それが必要とされる質問ばかりではないでしょう。

　でも，どんな質問でも，利用者の思いを受け止め，調査で得た資料や情報を評価・取捨選択し，最適な資料・情報を最適な方法で提供することを目指すのが質問回答サービ

スだと思います。すべての質問者の納得と満足を得るのは
難しいですが，検索してヒットした情報を伝えているだけ
ではないということを理解してほしいと思います。

M：最近，レファレンス質問の調査をする過程で，ネット上
に公開されている一次情報の量と質に驚くことがしばしば
あります。でも，情報が溢れる中で，必要な情報を見つけ
るにはテクニックが必要ですし，信頼性の評価等も欠かせ
ません。あらゆる情報源等を使って，必要な情報を見つけ
出す質問回答サービスは，情報化社会だからこそ一層必要
なサービスだとも思います。

H：そうですね。第Ⅰ部でも触れましたが，レファレンスサ
ービスは，質問回答サービスを中心として，コレクション
構築，ツール整備，事例の蓄積・公開などを含む幅広いサ
ービスであり，また，一人の質問の成果がほかの多くの人
が利用できる情報資源となり得る，いわば情報のインフラ
だと思います。質問回答サービスの一面だけを取り上げて
「ggrks」と比較することは適切でないと考えます。

注
1)　コトバンク（https://kotobank.jp/word/ggrks-188462）

レファレンスサービス生き残り大作戦

2.1 レファレンスサービスの認知度・充実度

M：レファレンスサービスの根底には，人々の「知りたい」気持ちがあります。現代は手軽に情報を得られる時代だからこそ，人々の知識・情報欲は高まっているのではないかと思います。そうだとすれば，レファレンスサービスへのニーズは高まるはずだと思いますが，そのためには，情報を得る手段としてレファレンスサービスがあると認識してもらわなければなりません。

　でも，日本では「図書館＝無料で本を貸してくれるところ」というイメージがメジャーです。都立図書館は個人貸出をしていませんが（苦笑）。どうしたらレファレンスサービスの認知度が高まるでしょう？

H：多くに人にとって「図書館」と言えば，まず「公共図書館」が頭に浮かび，そのイメージは「（自分で見つけた）本を無料で貸してくれるところ」であって「本や情報を求めて（図書館員に）相談するところ」ではないと思います。ビジネス支援サービスの浸透や町づくりの要となる図書館の新設などにより公共図書館のイメージは変わってきていますが，それでも「本を借りるところ」というイメージは強固です。私自身「本を貸してくれない図書館なんていらない」と言

われたこともあります。

M：レファレンスサービスの認知度向上には，図書館のイメージを変えることが必要ですね。とても難しいですが……。

H：読みたいときに読みたい所で読むために，貸出が重要であることを否定はしませんが，図書館の資料を利用してもらうために貸出が絶対必要かといえば，そうは言い切れないだろうと思います。札幌市図書・情報館のように，個人貸出をしない図書館も誕生しています。それぞれの図書館が方針を明確にし，図書館からのメッセージ発信を地道に続けていくことが必要だと思います。

　利用者から見える図書館の人の働きについて考えてみましょう。私は，「図書館は資料・情報の宝庫であり，資料探しの相談ができるところ」というイメージが当たり前のものとなるためには，貸出サービスにおいてもレファレンスサービスにおいても，また，他の図書館サービスにおいても，人の働きの「見える化」がもっともっと必要だと思います。一番見えやすいのは，カウンターやその周辺で利用者の相談に応じ資料を紹介する姿です。これまでも読書相談カウンターの設置やレファレンスカウンターを見えやすい位置に，などの主張がたびたびなされてきましたが，十分実を結んだとは言えません。

M：貸出・返却カウンターはとても目立つ場所にありますが，レファレンスカウンターは奥まった場所にある館も少なくないですよね。

H：「資料提供の方法には貸出とレファレンスがある」と言われることがありますが，資料提供の「方法」でなく，利用者と資料・情報とを結ぶ「人（図書館員）の働き」として考

えたいと思います。目立つところに設置されたカウンター
やその周辺で，質問や相談を受けて，生き生きと利用者と
コミュニケーションをする図書館員の姿を見せたいですね。

M：ただし，認知度が上がって質問件数が増えればよいとい
うわけでもありませんよね。第Ⅰ部でも触れましたが，人
に聞くことには心理的な壁があり，聞かなくても必要な資
料・情報が入手できる環境の整備も必要ですね。質問件数
以外に，レファレンスサービスの充実度を図る指標もほし
いですね。

H：そのとおりです。でも，図書館員が気づかないところで
困っている方がいるかもしれません。最近ある市立図書館
を利用している方から，「図書館の人が検索するとすぐ見
つかるのに，自分でやるとなかなか見つからない。だけど
図書館の人が忙しそうで声をかけにくい」という声を聞き
ました。いつでもどんなことでも聞ける人の配置が必要で
す。図書館員の忙しさの軽減という点では，自動貸出機の
導入など ICT の活用が助けになる面もあるでしょう。

　「図書館はさまざまな疑問に答えてくれる資料・情報の
宝庫であり，資料探しの相談ができる頼りになる施設」と
いう意識が当たり前のものになってほしいと強く思います。
そのためには，「相談してよかった」，「自分一人では見つけ
られない資料も入手できた」という経験をもつ利用者を増
やす努力を続ける必要があると思います。

2.2 レファレンスサービスの未来

M：私たちはどのような未来を想像して，レファレンスサー

ビスに取り組む必要があると考えますか。

H：ICT や AI の活用が進むことは間違いないと思います。膨大なレファレンス事例を学習して複雑な質問にも答えるロボットライブラリアンが誕生したら，人に聞くよりロボットに聞くほうがよいという人も出てくるでしょう。でも，レファレンスサービスは，質問者が抱いた疑問の解決や納得を支援する人の働きであると同時に，その働きを基に，設置主体や社会が抱える課題の解決を支援する機能をもつものだと思います。こうした働き全体を AI が代替するのは難しいのではないでしょうか。まずは，レファレンスサービスとは AI や機械で代替することが難しい（人間が「考える」ことや「生き生きと暮らすこと」を支え，さらに，よりよい社会の創造を支える）人の働きであることを意識して，利用者と日々の業務に向き合う必要があると思います。

M：ICT をうまく活用すれば，これまで人力でやってきたことを効率的にできるようになると思われます。レファレンス質問の傾向把握や，利用者のニーズ分析等は簡単にできるようになるでしょう。社会の他の分野と同様に図書館サービスもきっと自動化が進んでいく中で，機械にできないことをやる人を育て，能力，スキルを高めることが重要だと思います。

　それと同時に，機械を使いこなす能力もますます必要になってくるでしょう。ICT の進展に対応し続けるのは簡単なことではありませんが，そういう努力をし続ける意欲が大切だと思います。

H：図書館の価値は，資料や情報という知的資源を保有することと，その資源と人とを結びつけ未来につないでいく図

書館員がいることにあると思います。現在，図書館にはさまざまな役割が求められ，模索が続いています。日常業務に埋没することなく，レファレンスサービスで培った情報資源に対する知識を基礎として，未来の図書館を語れる図書館員が大勢出てくることを期待します。

2.3 所蔵資料にとどまらないレファレンスサービスを

M：提供するサービスの内容にも一層踏み込む必要があると思います。質問回答サービスでは，図書館の資料（本，雑誌，新聞，オンラインデータベース等）を元にした情報を提供するのが一般的かと思います。今後 ICT がどんどん進歩していけば，あいまいなキーワードでも的確に検索ができるようになるかもしれません。さらに，その人にとって最適な検索結果が表示される，つまり情報の取捨選択までしてくれるという時代が来るかもしれません。

　そんな未来が現実になったとしても，関連の機関や専門家などを紹介するレフェラルサービスの重要性は変わらないと思います。今回ご紹介した事例では，小山市立中央図書館で，図書館から専門家へ橋渡しができた事例（p.149〜150）が私のイメージに一番合致します。

　図書館員として「資料・情報と人を結ぶ」役割を果たすには，知識や情報を提供して終わるのではなく，利用者が図書館から出た後にすぐ次の一歩を踏み出せるサービスが必要だと思います。

H：そうですね。レフェラルサービスは館によって取り組みの差が大きいかもしれません。他館の例を参考に，積極的

に取り組んでほしいですね。

2.4 レファレンスサービスの魅力を語りましょう

M：レフェラルサービスを強化するには，「質問回答サービス」
　以外の部分が重要になってきます。関係機関や専門家を紹
　介するにも，紹介する以前にその機関や人とつながりをつ
　くっておいたほうがよいサービスができます。しかし，互
　いに協力し合える関係を築くのはとても難しいですよね。
H：連携したい相手やレファレンスサービスを PR したい相
　手と話をする際，魅力を感じてもらえるような話ができる
　力量が必要ですね。
M：恥ずかしながら，私はレファレンスサービスを知らない
　人から「レファレンスサービスって何？」と聞かれたとき，
　その人が思わずレファレンスサービスを使ってみたいと思
　えるような話はできませんでした。日々の業務の一環とし
　て取り組んでいるときは，目の前の調査で精一杯でしたが，
　レファレンスサービスから少し離れた今，調査スキルだけ
　でなく，サービスを伝える力も大事なんだと実感していま
　す。
H：司書になって間もない頃，ないと思った資料が見つかり，
　自分が知らない世界の広さに驚くとともに，その情報を求
　めている人を目の前にして，先人の知恵と現代の人を結ぶ
　レファレンスサービスのおもしろさを感じることが多々あ
　りました。一方，「ビンテージを探している」と言われ，相
　手の話をよく聞かずに「ビンテージといえばワイン」と即
　断して叱られるような失敗も多々ありました。失敗を恐れ

242

ず，人類の知的遺産を未来につないでいると思って取り組むのも面白いのではないでしょうか。

M：レファレンスサービスの経験が浅ければ，失敗したり，後悔したりするのは当たり前と割り切ってもいいかもしれません。同じ失敗をしないように日々勉強していくことのほうが大切だと思います。

　しかし，先ほども言いましたが，ICT が進展すれば，調査は機械ができるようになるのかもしれません。そうなる前に，レファレンスサービスとは何なのか，何のためにあるのか，何が魅力なのか……と考え続けることが大事であるような気がします。その時代に合ったレファレンスサービスのあり方を模索し，それを実践し，発信していくことで，レファレンスサービスは生き残っていくのではないでしょうか。

あとがき

　「れふぁれんす三題噺」は,『図書館雑誌』1995 年 1 月号から現在まで続く息の長い連載です。この「れふぁれんす三題噺」から事例を精選して編集し, レファレンスサービスの入門書を刊行してはどうかという提案を受け, 出版委員会委員の樋渡が担当することになりました。

　レファレンスサービスの現場を知っていただくために,「れふぁれんす三題噺」の事例はおもしろい素材だと思いましたが, どんな構成・内容にすれば, 図書館員にとって役に立ち, 読み物としてもおもしろいものになるか, 考えあぐねていたところ, 東京都立中央図書館で 5 年のレファレンス経験を積んだ槇盛と出会い, 槇盛の発案で構成が固まりました。その後 2 人で議論を重ね, ようやく本書の出版に至りました。

　事例については, 連載当時の調べ方が現在も通用するかと心配なさる館もありましたが, 各館渾身の調査法は現在も多くの示唆を与えてくれます。事例の転載を承諾くださった各図書館, 執筆者の皆様に厚くお礼申し上げます。

　最後になりましたが, 100 を超える事例執筆館への連絡に尽力いただいた事務局および貴重なご意見をくださった出版委員会委員の皆様にお礼申し上げます。

　2020 年 2 月

樋渡えみ子

事項索引

＊質問のテーマを表す語を，主としてタイトルおよび本文から，1つの事例につき
　最大3つ選定した。
＊日本の地域に関する質問の場合は地名を都道府県名を含めて採録した。

248

タイトル索引

＊調査・回答に使用された資料のうち，特に活用してほしい情報源（印刷資料および
ネットワーク情報源）に絞って採録した。

●執筆分担

槇盛可那子　第Ⅰ部
　　　　　　第Ⅱ部　事例選定・コメント執筆
　　　　　　第Ⅲ部
樋渡えみ子　第Ⅰ部
　　　　　　第Ⅱ部　事例選定
　　　　　　第Ⅲ部

第Ⅱ部　事例執筆者一覧

（事例番号，所属（執筆当時），執筆者名（執筆当時）の順）

1　三重県・多気町立勢和小学校図書館　井戸坂由佳里

2　飯田市立中央図書館　加藤みゆき

3　JFE 健康保険組合川鉄千葉病院図書室　奥出　麻里

4　東京学芸大学附属世田谷中学校図書館　村上　恭子

5　機械工業図書館　結城　智里

6　東京都立日比谷高等学校図書館　中島　彰子

7　富山市立古沢小学校図書館　佐藤千雅子

8　茨城県立佐和高等学校図書館　勝山万里子

9　荒川区立南千住図書館

10　秋田県立図書館　嵯峨　進

11　奈良県立高取国際高等学校図書館　楳田　久子

12　群馬県・大泉町立図書館　石関　伸一

13　岡山県立図書館　久戸瀬瑞季，古賀美佳子，妹尾　敦子，寶口
　　久仁子

14　蒲郡市立図書館　三浦　佳穂

15 新潟大学附属図書館　奥村　圭子（2019 年 9 月末退職），金子 亜寿沙

16 京都女子大学附属小学校図書館　坂下　直子

17 小野市立図書館　和田　真由

18 新潟県立三条高等学校図書館　熊木　寛子

19 和歌山県立図書館　足立有希子，藤田　達子，内本美佐子

20 静岡市立御幸町図書館　鈴木　美穂

21 関西学院大学図書館　市河原雅子

22 東京文化会館音楽資料室　永井　靖子

23 奈良県立図書情報館　尾松　謙一

24 静岡県立中央図書館　土屋　雅彦

25 市川市中央図書館　福田　雅人

26 千葉県立中央図書館

27 福井県立若狭図書学習センター　渡辺　　力

28 岩手県立図書館　小林　是綱，坂巻　理恵，安倍　和恵，太田 知英子

29 愛知県産業労働センターあいち労働総合支援フロア労働関係情報コーナー　大矢　耕誌

30 北海道立図書館　加藤ひろみ・大塚　寿信

31 高知県立図書館　山本　那美

32 豊田市中央図書館　安田　　聡

33 国立国会図書館人文総合情報室　雨宮あずさ，小林　昌樹，邊見由起子

34 京都府立総合資料館　大瀧　徹也

35 立命館大学図書館　伏原　朋子

36 石川県立図書館　鷲澤　淑子

37 さいたま市立中央図書館　長谷川　清

38 伊万里市民図書館　中村由紀子，古賀　直子

39 飯能市立図書館　大橋はるか，川﨑　彩子，前田　真樹

40 茨城県立図書館　重藤かすみ，小泉　理恵，樫村　尚美

41 東京藝術大学附属図書館　大田原章雄

42 千葉市中央図書館　鍬田　聡子，木崎　英介，柴﨑陽太郎

43 明治大学中央図書館　明治大学中央図書館レファレンス係

44 国際基督教大学図書館　松山　龍彦

45 東京学芸大学附属図書館　德永　結美

46 三重大学附属図書館　樋本　洋子

47 （株）乃村工藝社情報資料室　石川　敦子

48 高知県・高知市病院企業団立高知医療センター図書室　橋田
　　圭介

49 米国海兵隊コミュニティーサービス部門ライブラリープロセッ
　　シングセンター　長嶺　陽子

50 （財）渋沢栄一記念財団実業史研究情報センター　門倉百合子

51 三重県立図書館　塚田　美雪

52 宮崎県立図書館　日髙　聖子，瀬戸山由香里，原田佳奈子

53 独立行政法人国際交流基金日本語国際センター図書館　加藤
　　久枝

54 農林水産省農林水産研究情報総合センター　伊藤　もも

55 鳥取県立図書館　野沢　敦，三田　祐子

56 山形県立図書館　鎌戸　雅之

57 日本貿易振興機構アジア経済研究所図書館　高橋　理枝

58 東京外国語大学附属図書館

59 福岡県・那珂川町図書館　西嶋奈津子

60 近畿大学中央図書館　寺尾　隆

61 経団連レファレンスライブラリー　村橋　勝子

62　小山市立中央図書館　栗原　要子

63　大阪府立大学学術情報センター　学情れふぁれんす三題噺チーム

64　福井県立図書館　宮川　陽子

65　国立国会図書館科学技術・経済情報室　辰巳　公一，坂尻　貢市

66　国立音楽大学附属図書館　髙田　涼子

67　埼玉県立久喜図書館　伊藤　仁

68　横手市立増田図書館　石田　裕子

69　静岡県立こども病院医学図書室　塚田　薫代

70　坂出市立大橋記念図書館　詫間　康弘，藤田　往代，岡西　尚美

71　京都市立堀川高等学校図書館　池本小百合

72　福島県立会津高等学校図書館　大村　恵子

73　滋賀県立図書館　福田　美帆，南都奈緒子，中嶋　智子

74　新潟市立中央図書館　祖父江陽子，大瀧　綾子

75　神奈川県立住吉高等学校図書館　山田　恵子

76　北九州市立中央図書館　三井　幸広

77　京都府・精華町立図書館　河西　聖子，秋川由香里

78　島根県立図書館　須山　麻美，山本彩容子

79　大阪府立中之島図書館　德森耕太郎

80　神奈川県立川崎図書館　土屋　定夫

81　香川県立図書館　藤沢　幸応

82　横浜市中央図書館

83　天理大学附属天理図書館　加藤　重光

84　（社）土木学会附属土木図書館　坂本　真至（2015 年 2 月退職）

85　公益財団法人吉田秀雄記念事業財団アドミュージアム東京広告

254

図書館　粟屋　久子

86　神戸大学附属図書館震災文庫　稲葉　洋子

87　埼玉県立浦和図書館　飯村はるか，伊勢谷英里，長谷川優子

88　東京都立多摩図書館　白石英理子

89　公益財団法人日本交通公社旅の図書館　渡邉　智彦

90　武庫川女子大学附属図書館　川崎　安子

91　愛知芸術センターアートライブラリー　日下部　浩

92　国立教育政策研究所教育研究情報センター教育図書館　鈴木由美子

93　味の素食の文化センター　草野　美保

94　愛媛県立図書館　天野奈緒也，水野千恵子，白石　直美

95　広島大学図書館　上田　大輔，沖政　裕治，三宅　亜弥

96　ライブラリー82

97　ポーラ文化研究所ポーラ化粧文化情報センター　富澤　洋子

98　名古屋市鶴舞中央図書館　大井　亜紀

99　東京都江戸東京博物館図書室　井上美奈子，楯石もも子，小宮山めぐみ

100　トヨタ博物館ライブラリー　花井香穂子，小室　利恵

◆JLA 図書館実践シリーズ　42

れふぁれんす百題噺

2020 年 6 月20日　　初版第 1 刷発行©
2023 年 2 月20日　　初版第 2 刷発行

定価：本体 1800円（税別）

編　著：槇盛可那子・樋渡えみ子
発行者：公益社団法人　日本図書館協会
　　　　〒104-0033　東京都中央区新川1-11-14
　　　　Tel 03-3523-0811㈹　Fax 03-3523-0841
デザイン：笠井亞子
印刷所：㈱丸井工文社
Printed in Japan
JLA202221　　ISBN978-4-8204-2003-3
本文の用紙は中性紙を使用しています。

JLA 図書館実践シリーズ　刊行にあたって

　日本図書館協会出版委員会が「図書館員選書」を企画して 20 年あまりが経過した。図書館学研究の入門と図書館現場での実践の手引きとして，図書館関係者の座右の書を目指して刊行されてきた。

　しかし，新世紀を迎え数年を経た現在，本格的な情報化社会の到来をはじめとして，大きく社会が変化するとともに，図書館に求められるサービスも新たな展開を必要としている。市民の求める新たな要求に対応していくために，従来の枠に納まらない新たな理論構築と，先進的な図書館の実践成果を踏まえた，利用者と図書館員のための出版物が待たれている。

　そこで，新シリーズとして，「JLA 図書館実践シリーズ」をスタートさせることとなった。図書館の発展と変化する時代に即応しつつ，図書館をより一層市民のものとしていくためのシリーズ企画であり，図書館にかかわり意欲的に研究，実践を積み重ねている人々の力が出版事業に生かされることを望みたい。

　また，新世紀の図書館学への導入の書として，一般利用者の図書館利用に資する書として，図書館員の仕事の創意や疑問に答えうる書として，図書館にかかわる内外の人々に支持されていくことを切望するものである。

2004 年 7 月 20 日

日本図書館協会出版委員会

委員長　松島　茂

図書館員と図書館を知りたい人たちのための新シリーズ！

JLA 図書館実践シリーズ
既刊 40 冊，好評発売中

（価格は本体価格）

Japan Library Association